Entfernte Verwandtschaft

三つの新体制

ファシズム,ナチズム,ニューディール

Wolfgang Schivelbusch
W.シヴェルブシュ【著】　小野清美・原田一美【訳】

名古屋大学出版会

THREE NEW DEALS

Reflections on Roosevelt's America, Mussolini's Italy, and Hitler's Germany, 1933-1939

by Wolfgang Schivelbusch

Japanese translation published by arrangement with Henry Holt and Company, LLC
through The English Agency (Japan) Ltd.

それは、憎悪された全体主義国家に対する潜在意識下での賛歌のようだ。

——ブルーノ・リッツィ「ニューディールについて」

（『世界の官僚主義化』パリ、一九三八年）

目次

序章　全体主義と自由主義

一九四六年九月、建築批評家ジークフリート・ギーディオンは、ロンドンの英国王立建築家協会で講演を行った。そのテーマを非常に重要だと考えた雑誌『建築批評』の編集者たちは、これについて議論するために、「新建築」の指導的な建築家や理論家を何人か招いてシンポジウムを開催した。議論には、ヴァルター・グロピウス、ヘンリー＝ラッセル・ヒッチコック、グレゴール・パウルソン、ウィリアム・ホルフォード、ルチオ・コスタ、アルフレート・ロート、そしてギーディオン自身が参加し、テーマは、本来の講演の題と同じ「新たなモニュメント性の必要性」であった。

この議論は、古典的近代建築の歴史の中で初めて行われた根本的な「自己批判」であった。つまり、前世紀の歴史主義や折衷主義に対する闘争の中で、おそらくあまりにも一面的に建築の技術的・機能的側面に力を傾注しすぎて、昔から建築を技術や技術者の活動とは分けてきたもの、すなわち日常性や有用性を超える、あの複雑な欲求や感情の表現を軽視してきたという洞察であった。ギーディオンはこう述べる。

人間は、その中で自らを再認識できるような建築、単に目的に合致しているという以上の建築を求める。建築は、彼らが重要だと思うものを表現するべきである。それは、豪華で贅沢で感情豊かなものでなければならない。記念碑的建築《モニュメンタリテート》は、偉大な社会的シンボルへの古くからの欲求を充足させるものにほかならず、これを永遠に抑えつけることはできない。(1)

参加者の多数は、第二次世界大戦以前にこのような期待にもっと歩み寄ることができたはずだという点で一致していた。そもそも彼らは第一次世界大戦後、社会革命と大衆――革命は大衆のために大衆によって行われた――を建築によって表現するために登場したのである。しかし、新建築はまさにこの大衆からは理解されず、ましてや受け入れられもしなかった。そして結局、一九三〇年代における資本主義世界の深刻な危機の中で、大衆は政治的敵方についてしまった。敵の方が、大衆が夢見ていたのに近代建築が与えようとしなかったものを提供したために。それが記念碑的建築《モニュメンタリテート》であった。

記念碑的建築と「第三帝国」や二〇世紀の他の全体主義との同一視、およびこれに対応する「近代建築はリベラルで社会的な民主主義に等しい」という方程式は、一九二〇―四〇年の時期における政治的・イデオロギー的対決の産物である。これら二つの主張は七〇年代に入るまで事実と見なされており、九〇年代初めですら、ブルーノ・ツェヴィのようなモダニズムの指導者は、「三〇年代の古典主義」をテーマに掲げたシンポジウムへの「嫌悪」と「軽蔑」を公然と表明することができた。彼は、真面目な対象ではなく、「汚物、糞、へど、痰」をプログラムに掲げたとして、主催者を「迷妄、愚鈍、傲岸、白痴」だと非難した。(2)

この方程式がイタリア・ファシズムやソヴィエト共産主義の初期には当てはまらないことは、長い間見過ごされてきた。一九四五年の敗北の丸々一世代後に、ナチズムをより広い歴史的文脈に位置づけようとする努力の結果ようやく、そのような方程式には根拠がないことが支配的なコンセンサスとなったのである。人びとは突然、三〇年代のワシントン、パリ、ロンドン、ジュネーヴで、ベルリンやモスクワ、ローマと似たような記念碑的で古典主義的な大建築物が建てられていたことに気づいた。ムッソリーニが促進した「合理主義」は近代建築の継続にほかならないこと、反近代主義に凝り固まっていると考えられていた「第三帝国」さえも、機能主義建築が必要なところでは、機能主義的で近代的な仕事を行っていたことにも気づいた。建築学的に見て近代的なファシストや伝統主義的な自由主義者が存在すること、三〇年代のモニュメンタリズム・新古典主義は、一九三二年にニューヨーク近代美術館によって「インターナショナル・スタイル（国際様式）」へと再洗礼を施された近代建築と同じように、「国際的なスタイル」であったことが認識されたのである。人びとは、新古典主義的なモニュメンタリズムをその後も全体主義の指標にする代わりに、この「権力の『真の』美観」（ジョルジョ・チウッチ）がいかに種々の国民的・政治的・イデオロギー的体制によって自分たちの目的のために利用されたかという問題に関心を寄せるようになった。[3]「国際的支配手段」（ルイス・クレイグ）[4]という後からの命名は、「モニュメンタリズムは、独裁の攻撃性と同じように西側の民主的体制の権力をも体現することができる」[5]というフランコ・ボルシの指摘と同様、この機能をうまく捉えている。

こうして、以下のような問題が詳細に研究された。なぜすでに一九二〇年代に、民主的政府の過半数が国際連盟本部の建築に際して、あらゆる近代主義的なデザインを拒否し、記念碑的・古典主義的建築を選んだのか。なぜフランス共和国は一九三七年のパリ万博のために記念碑的・古典主義的なシャイヨー宮を建てたのか。三〇年代ニューディールの庇護下で、ワシントンDCの建築的モニュメンタリズム化が進められた理由は何だったのか。答えはつねに同じだった。三〇年代の古典主義的モニュメンタリズムは、ルネサンス以来つねに——とりわけフランス革命とナポレオン帝国以来——そうだったもの、すなわち国家権力と権威が自らを提示する支配的な様式だと再認識されたのである。一九世紀の自由主義の時代に、それは、国家が自らの役割を夜警に限定し、建築による美観形成をますます経済に委ねるようになるにつれて、意味を失っていった。しかし二〇世紀は、国家の堂々たるカムバックによって、このような事態を終わらせた。すでに一九一四年以前から進行していた国家と経済の接近、第一次世界大戦中の全面的な国家経済的動員、そして最後に、世界経済恐慌による国家の、ほぼ絶対的な権力への復位——これは自由主義的資本主義の大敗北かつ国家の復讐とも言える勝利にほかならない——によって。ボリシェヴィズムやファシズムによってひっくり返された社会であろうが、資本主義・民主主義を修繕した社会であろうが、それらは同じように、共同体のために——いや共同体の上にと言うべきか——聖堂のようにそびえ立つ建築を必要とした。つまり、共同体に信頼や尊敬、それどころか宗教に似た意味や関連性すらをも与え、世界の残りの部分にも自分たちが何者であるのかを明らかにするような建築である。後者の点、つまり体制間の競争は、一九三七年のパリ万博で、三つのきわめて壮大なパヴィリオンの並置・対置の形をとって現れた。フランス共和国は、古いトロカデロ地区を取り壊して、新古典主義的・記念碑的なシャイヨー宮を建てる——そしてこれはまさに、ソ連とドイツの代表的建築を両側に並ばせた中心軸の消失点に位置していた——ことによって、次のことを示した。すなわち、フランス共和国は——同時に自由主義的民主主義の世界は——独裁に譲歩する気はなく、逆に、同様に力強い壮大さをもって、それらを脇へ押しやり、中心となることを要求する権力である、と。[6]

一九三〇年代には、各国の首都が壮大な自己表現の主要な舞台、建築現場となった。七〇年前のパリにおいてナポレオン三世のもとで行われたこと——したがって、二〇世紀フランスの首都はそのような改造の必要はなかった——が、今や［ジョルジュ・］オスマンをはっきりと引き合いに出して、ベルリン、モスクワ、ローマの権力者たちによって計画され、徹底性は異なるが、実行された。道路の建設や拡張、伝統的な場所における新たな大規模幹線道路の建設、ベルリンのフォルクスハレ（国民ホール）やモスクワのソヴィエト宮殿（七〇メートルのレーニン像を含めて高さ四一〇メートル）といった巨大な記念碑的建築物——これらの中心的基準は、高さや大きさの世界記録であった——を建てるための歴史的建造物（ムッソリーニによれば「絵のようなごみくず」[7]）の広範囲に及ぶ取り壊し、そしてなかでも当然のことながら、モダニズムのソ連シンパのスターたち（ル・コルビュジエ、グロピウス、エルンスト・マイ）が立案したような、都市建設における交通・衛生基準の導入である。これらすべての事業については、モスクワ改造のためにスターリンが任命した党全権ラーザリ・

図1　シャイヨー宮正面の記念碑的装い

カガノーヴィチが一九三五年の全体計画について語ったことが重要であった。すなわち、それは「戦争計画[8]」であり、滅ぼされるべき敵は自由主義の建築遺産だったのである。この闘いを遂行する決然とした態度は国によって異なっており、けっして全面的勝利では終わらなかった。中世やルネサンス期、バロック時代の建造物を広範囲にわたり取り壊して古代ローマをふたたび取り戻し、それを自分たちの壮大さと結びつけようという目標に（そもそもそのようなものがあったとして）一番到達することができなかったのは、イタリア・ファシズムであった[9]。ベルリンを「ゲルマニア」の名の下に消滅させようとするヒトラーとシュペーアの試みも、レジームの軍事的敗北によって中断されたために、成功しなかった。スターリニズムは首都の整形手術を最も徹底的に行ったが、その一番野心的な計画、ソヴィエト宮殿は結局実現されなかった。

三〇年代のワシントンDCを眺めてみると、同じように活発な建築活動、そして同様な規模、壮大さへの要求が働いていたことがわかる。今日この都市の景観を形作っている新古典主義的大建築物のほとんどは、一九三三年から三九年の間に建設された。連邦トライアングル、ナショナル・ギャラリー、国立公文書館、最高裁判所、多数の省庁や政府機関、スミソニアン博物館、ジェファソン記念館である。ただし、ベルリンやローマ、モスクワにおける同時代の活動、また七〇年前のオスマンによる都市改造とは違って、都市の基本的形態には手がつけられず、歴史的建造物も取り壊されることはなかった。ワシントンで起こったことは、従来の都市に対する「戦争」ではなく、旧態の破壊に基づく革新でもなく、既存の更地を建築でいっぱいにすることであった。これらの土地はもちろん、白紙状態ではなく、三〇年来、もともとは一四〇年来、機能と構造を備えていた。一九三三年から三九年の間に建てられたものは、三〇年前に決められた計画の実行であった。そして、一九〇二年の計画の方は、一七九一年のいわゆるランファン計画に基づいていた。ワシントンの特異性は、けっして中断されずに一八世紀から二〇世紀へとつながる建築計画上のこの連続性にある。

ヴェルサイユに仕えた宮廷装飾家の息子であるピエール・シャルル・ランファンは、建築家になるための教育を受けた後、アメリカ独立戦争に参加することになり、ジョージ・ワシントンとのコネができた。そこから、将来の首都のプランナーに任命されたのである。彼がもっていたのは、子供のときに受けた、ヴェルサイユのバロック式庭園の印象——広い通り、直線と円と対角線の組み合わせ、そこから生じる重層的な眺望——であった。「本来は専制的支配者の賛美に役立つべき」ランファン計画の基本的形態が、「平等の原理と国民主権に基づく国家のシンボルになったこと」[10]は、「最高の皮肉」だと言われた。

ランファンによってアメリカに移植されたバロックの壮大さが、ヨーロッパと比べてそれほど破壊的ではないかたちで二〇世紀への移行を可能にしたことも、同様に皮肉と言えるかもしれない。ワシントンでは、自由主義以前の壮大さから自由主義以後の壮大さへの跳躍が自由主義期の中間段階を省略して行われた。ヨーロッパではこの中間段階のために、都市改造や都市のモニュメンタリズム化への抵抗が見られたのである。ワシントンは、都市計画上の「フロンティア」に照応していた。つまり、「これから思い通りの建築がなされる」更地であった。だが、フロンティアとは違って、自由主義期の勝手気ままな建築が排除されるようにあらかじめプログラム化されていた。アメリカの首都は、一〇〇年以上にわたって、言うなれば小都市的な付属施設しかない大規模な道路計画だったのである。その後、しかもアメリカ合衆国が国家として完成され、帝国へと足を踏み出し始めた(フロンティアの消滅と太平洋への拡大、自由主義的資本主義から組織された資本主義への変貌、連邦政府の役割の強化、革新主義の政治的・行政的改革運動)まさにその時に必要だったのは、ただ計画を建築的に「満たすこと」だけだった。一九〇二年のワシントン計画に携わるとともに、シュペーアの「ゲルマニア」と比較されてきた(11)、二、三年後のシカゴの壮大な計画を立案したダニエル・バーナムの言葉が残されている。「人間を捉えて離さないようにしたいと思う者は、大規模な計画を立てねばならない(12)」。これは、ヒトラーやムッソリーニ、スターリンのプランナーから出たとしてもおかしくない言葉である。

一九三〇年代における記念碑的建築の歴史と一九四五年以降の数十年におけるその評価の変化は、二つのことを教えてくれる。第一に、同じ様式、形態、技術が——建築においてばかりではなく——いかに異なる政治体制によって利用されうるかということ、第二に、後に生まれた時代精神は、打倒された独裁のように、一般に嫌悪された対象と向き合うときには、手段と目的、形態と内容をいかに区別できないかということである。美しい殺人者を美しいと思うことができない抽象的思考に関するヘーゲルの嘆き以来、この点では何も変わっていない。

モニュメンタリズムと全体主義の同一視が時代遅れとなったのとほぼ同じ頃、全体主義研究にも新たな転換が生じた。ファシズム、ナチズム、スターリニズムはもはやひとかたまりの悪の組織とは見なされず、それらの経済的・社会的・心理的・文化的に精緻な構造に目が向けられるようになった。ファシズムとナチズムには抑圧的・殺人的な側面とならんで、社会的・平準化的な側面もあったこと、三〇年代における二つのレジームの成功と大衆の追随は前者ではなく、後者の側面に基づいていたことが発見された。ナチズムに「社会主義的」要素を認識し、その人種主義を「民族至上主義的《フェルキッシュ》な平等の約束」（ゲッツ・アリ）——ナチズム自身の自己理解でもあるし、ドイツ人大衆にもそのようなものとして理解され受け入れられた——だと認識することが不快に思えるのは、ただ一九四五年以降にナチズムのこの側面が完全に無視されてきたためである。
一九七三年に、アメリカ大統領ローズヴェルトの改革政策とある種の政治的技術を「第三帝国」のものと比較しようとする試みが行われたが、これも逆のタブーに触れるがゆえに同じように向こう見ずなことに思われた。ニューディールとナチズムの歴史研究いずれものアウトサイダーであったジョン・A・ギャラティが詳述したいくつかの比較は、学会のスキャンダルになるか、もしくは根本的な論争を引き起こすかというほど重要なものであった。彼は、ニューディール*と「第三帝国」初期との間の類似性は以下の点にあると考えた。すなわち、カリスマ的指導者によって個人化された強力な執行権、ネイション、フォルク（国民）、土地のイデオロギー、経済的・社会的統制主義《ディリジズム》、そして最後に、国家によるプロパガンダの新たな質（と量）である。ギャラティは同時に、比較は同一視ではないことを強調した。ローズヴェルトのニューディールは一党国家によるものではなかったし、秘密国家警察も存在せず、憲法も無効にされず、強制収容所もなかった。ナチズムが廃棄したすべての自由主義的・民主的国家の諸制度は、ニューディールのもとでは維持されていたのである。(13)

*ニューディールとは、一九三三年から三九年の時期にローズヴェルトのもとで行われた一連の改革の名称である。それは、経済恐慌克服のための緊急措置（雇用創出プログラム、工業生産の国家による統制、農業への助成）に始まり、レッセ＝フェール的・自由主義的夜警国家から介入主義的福祉国家への転換へと流れ込んだ。

代表的なアメリカの歴史学雑誌で発表された論文が、スキャンダルにも根本的議論の対象にもならず、今日にいたるまで後に続く研究の刺激となっていないことは、このテーマに鑑みれば驚くべき損失であり、本書を書く理由の一つとなっている。

ナチス・ドイツとアメリカ合衆国を比較することは、大胆で、裏切りにも匹敵することだと、少なくとも悪趣味だと思える。

ギャラティは、このような卑下したレトリックで、現れるかもしれない批判者の機先を制しようとした。これは、見たところ成功したようだ。それ以来、ニューディールの個々の側面とファシズムやナチズムのそれとを比較した数少ない歴史家たちは、比較されるものを同一視するわけではないのだと、読者に請け合い続けてきた。本書も不必要な誤解を避けるために、それ自体は余計なこの儀式に従いたい[14]。もっとも、この儀式は、明らかに読者の判断力への不信を示すものなのだが（というのは、どのような真面目な歴史的比較がかつて比較対象を同一視したであろうか）。

一九三〇年代の時代精神は、この点ではもっと偏見をもっていなかった。それは、歴史の残忍な結果をまだ知らなかったためというだけではなく、とりわけ当時は自由主義的民主主義の上着よりも、大恐慌というネッソスの衣服［破滅をもたらす贈り物］の方が身近にあったためである。別の言い方をすれば、当時の経験の地平は一九四五年ではなく、世界経済恐慌が始まった一九二九年であった。資本主義の根本的危機に直面して、その政治体制、自由主義的民主主義を、もっと良く機能すると約束する他の秩序体制よりも高く評価しようという特別な動機は存在しなかった。問題はむしろ、自由主義的資本主義の経済的崩壊に続いて、必然的に政治的崩壊が起こるのではないかということだった。

沈みゆく船を、自由主義の重荷を放棄することによって救おうとする覚悟が、自由主義陣営にいたるまでいかに浸透していたかを、一九三三年以降もヨーロッパで残っていた民主主義諸国における議論から知ることができる。種々の計画や提案は、第一次世界大戦をモデルとした国家主導の計画経済の導入から、ファシズムのコーポラティズム・モデルを模倣しようという提案にまで及んでいた。たとえば、後に英国首相になるハロルド・マクミランは、計画と秩序という中立的な表現で、一つの経済形態を提案した。彼自身はこれを「秩序立った資本主義」と呼んだが、批判者はむしろイタリアのコーポラティズムに類似していると考えた[15]。

イギリス政界ではほかならぬオズワルド・モーズリーが自由主義者からファシストへの変身をやってのけた。貴族かつ知識人であり、世界大戦に従軍したこの人物は、保守党で政治的キャリアを開始し、その後離党して労働党に入党、労働党の国会議員、大臣になったが、また離党し、第三勢力をめざして自分の政党を設立するも、最初の選挙での敗北後、これを解散させ、最後は「英国ファシスト同盟」の指導者になった。モーズリーは、彼の伝記作者が言うように、ファシズムに「より暴力的な大陸の形態よりも評判の良いイギリス的形態[16]」を与えようとした。彼はこれには成功しなかったし、ジョン・メイナード・ケインズやジョン・ストレイチーのような人物との友情を維持することもできなかった。しかし、こうした経緯には、その後まもなく分水嶺となる境界が一時的にはいかに流動的なものでありえたかが示されている。

ナチスによる政権掌握の衝撃は、自由主義的中道派以上に、ヨーロッパの民主的左翼に余震を引き起こした。たしかに、社会主義諸政党の指導部は自己批判的分析をすべて拒否し、反ファシズム的な絶望の身振りで満足していた。それに対して、もっと若くて、知的な要求が高いグループの中では、手厳しい自己批判が始まった。その際、ファシズムとナチズムから学べという要求を掲げたのは、社会主義者の中でも最も断固とした反ファシストであった。彼らの議論は、ナチズムに対する闘争の最終局面[17]でドイツ社会民主党の好戦的少数派が持ち出していたものと似ており、心情的にはムッソリーニが一九一五年に社会主義との決別を理由づけた議論と類似していた。彼ら全員、つまりイギリスのスタフォード・クリップス、フランスのマルセル・デア、モンタニョン、ベルギーのアンリ・ド・マンを結びつけたのは、彼らの意見によれば老齢化してあらゆる闘争力を失った、党組織の官僚社会主義への軽蔑であった。かつては社会主義によって動かされていた大衆が今やファシズムへと殺到したことは、これら批判者たちの見解では、たしかに悲劇ではあるが、不合理なことではなかった。というのは、ファシズムは、若さ、活力、意志、社会主義の闘争・犠牲的精神を我がものとしただけではなく、さらに、プロレタリアートを超越する大衆的国民政党という統合を生み出していたのだから。したがって、ファシズムからの唯一の救済策は、ファシズムによって簒奪されたこれらの諸要素を取り戻すことによって社会主義を再活性化させることであった。これは、ムッソリーニが始めた借用のサイクルを完結させることだと言えるかもしれない。フランス社会党内の反逆者で、後の「ネオ社会主義」の創設者たちが言ったことは、イギリス労働党の左派も同じように考えていたし、ベルギーの社会主義者にとっては、すでに何年も前にアンリ・ド・マンが述べていたことであった。すなわち、中産階級(「今日では革命の酵母」)なしに、革命的・反資本主義的運動は不可能であり、現在の諸条件のもとでは、ファシズムとナチズムが、その奇形や歪みにもかかわらず、この革命的潜勢力を体現しているということである。

ファシズムが資本に奉仕する単なる傭兵部隊であったとしたら、イタリアとドイツの意気阻喪した大衆を、われわれが見ているほどに動員、活性化させることは困難だっただろう。……

われわれは、実際に行われることになったものとは別の闘いへの準備をしていた。……ますます強固に組織され、自意識をもったプロレタリアートと、ますます集中・集積の進む資本主義との間に予期された明白な国際的対決に代わって、……われらが尊き社会民主党の軍団は、想像していたものとはまったく別の敵に出会うという経験をしたのである。[18]

ファシズムとナチズムから学ぶべきは、階級を問題にしないナショナルな国民社会《フォルク》主義であった。それは、「まだ社会主義的ではないが、もはや資本主義的でもない社会形態」（マルセル・デアア）[19]であり、たしかに資本の没収は行わないが、それを統制下におく強力な国家に組織されている。ニューディール、ファシズム、ナチズムの並存状況に直面して、この道が民主的か、独裁的かという問題については、楽観的に考えられていた。

経済における所有と管理を分離させる国民安全保障を旨とする政府は、社会のファシズム的変形が政治的自由の維持と両立しうるのと同じように、民主的「形態」の遵守と両立しうる。

労働党内の最も著名な批判者であるジョン・ミドルトン・マリーはこう述べている。三〇年代初頭の他の多くの人びとと同様、彼にとってファシズムは、本質上テロリズム体制ではなく、社会主義と自由主義の間の第三の道であり、そのテロは、フランス革命やロシア革命の時と同じように、根底的に新しいものの生みの苦しみだと説明することができた。[20]

一九三三年以降の西ヨーロッパでは議論や要求の域を出なかったものが、なぜアメリカ合衆国では成功したのだろうか。普通の説明はこうである。ニューディールは、ヨーロッパで、少なくともドイツで五〇年前に起こったことをただ経済政策的・社会政策的に後から実行しただけであり、［それが実行できたのは］アメリカには政治的に重要な階級意識や階級イデオロギー、階級政党がなかったからだ。民族共同体と国民《フォルク》政党という概念のドイツ特有の色合いを度外視すれば、これらの概念は比較的抵抗なく、合衆国の政治的イデオロギーに転用できる。換言すれば、ファシズムとナチズムを権力の座につかせるためにヨーロッパで必要だった政治的・心理的・カリスマ的力業は、アメリカでは、一八三〇年代のアンドリュー・ジャクソン大統領の時代にとっくに実行されていた。したがって、次のように言いたくもなる。アメリカがニューディールにおいてヨーロッパの経済・社会秩序を受け入れたように、ヨーロッパはファシズムないしはナチズムにおいて、無階級性というアメリカの政治宗教を受け入れたのだ、と。とはいえ、政治宗教は政治イデオロギーとは別ものである。平等というヨーロッパのイデオロギーには、アメリカが三〇〇年間にわたって手にしてきた物質的豊穣さが欠けていた。それゆえ、ファシズムとナチズムの歴史を、ヨーロッパをアメリカの水準にしようとする試みと見なすことには数多くの証拠がある。帝国的な広域経済圏の試みから、大衆消費や政治的内容のほとんどない大衆娯楽にいたるまで。アメリカに対抗するヨーロッパのこの試みが一九四五年に軍事的敗北によって終焉した後に起きたのは、ヨーロッパ地方のアメリカ化であった。これは、そのイデオロギーが今やみじめでも空腹のものでもなくなり、ほとんどアメリカ自身と同様に、物質的に豊かで娯楽に溢れていたために、非常にうまくいった。カール・マンハイムが一九四〇年に、ファシズム的・抑圧的体制に対するアメリカ的・民主的体制の優越性として描き出したことは、一九四五年以降、非常に急速に抵抗もなくヨーロッパに、まさに、ファシズム的「訓練」をくぐり抜けた国々に浸透していった。そのため、この

「訓練」は、結局のところ後に来るもののための予習ではなかったのかと自問してしまう。マンハイムの言葉を聞いてみよう。「アメリカ大衆社会を構築する際に利用された組織形態や種々の精神工学の形態は、軍事的規律化へのあらゆる強制によって可能になるよりもはるかに永続的に作用した。アメリカの大衆プロパガンダの指導者たちは、精神工学は、個々人の自発的行動を操作するという考えに基づいて、あるいは少なくとも個々人に自己決定の幻想を与えるという考えに基づいて行使されるときに最も効果があることを発見した」。ファシズムやナチズムのプロパガンダに関する近年の研究に従えば、これらも軍事的・規律化的なやり方よりもむしろ、「アメリカ的」・暗示的なやり方をとっており、このことがそれらの成功も説明してくれる。この類似性を見逃したカール・マンハイムは、しかしそれに対して、西側民主主義国が必然的に全体主義的独裁に接近せざるをえないという別の傾向を認識していた。すなわち、周期的恐慌を防ぐための国家による経済計画の策定である。

西側諸国が、全般的安全にとってのこの基本的な問題を……いったん取り上げるやいなや、独裁諸国が最初から行っていたように、徐々にすべての社会的統制機関を操作せざるをえなくなるだろう。個々の階級や人間の社会的上昇や下降に影響を与え、失業の精神的影響に取り組まざるをえなくなる。……〔独裁諸国との〕競争によって、民主主義諸国は、少なくともそれらの方法をいくつか実施することを余儀なくされる。このことは、近代の半全体主義的な民主主義諸国が、外から見ても明白に全体主義的な諸国と同じ基本的構造をもっていることを、ふたたび別の側面から示している。(21)

第1章　ファシズム、ナチズム、ニューディール

二〇世紀前半の平時に、自由主義的・民主的秩序がどん底に、そしてファシズム的・全体主義的秩序が頂点に達した年があるとすれば、それは一九三三年であった。第一次世界大戦後、民主主義の高らかなファンファーレとともに設立された東中欧諸国は、チェコスロヴァキアを除いて、権威主義的・独裁的に統治されていた。イタリア・ファシズムは政府成立一一周年を祝い、ナチスによる権力掌握によって、自由主義的民主主義はヨーロッパ最大の工業国で歴史的に最も重要な敗北を喫した。この勝利の行進を象徴的に裏づけるかのように、ローマではファシズム・インターナショナルが設立された(1)。

この文脈では、国会がヒトラーの全権委任法を承認したのと同じ月、三月にフランクリン・D・ローズヴェルトが就任したことは、民主主義の力強い対応とも、民主主義の静かな退場とも見なすことができる。アメリカ議会が、大統領によって無期限に休会にされる前に、新しい大統領にこれほど広範な権力を与えたことは、戦時期以外にはけっしてなかったことであった。事実それは、「権力の委任」をめぐる憲政上の議論では「授権法」と呼ばれ、これによって立法権力としての議会は一時的に自らを廃止したのである。大統領

の権力に対するものとして残ったのは、独立した第三の権力である最高裁だけであった。この状況は、「第三帝国」初期に似ていなくもなかった。国会議事堂放火事件の裁判でのドイツ最高裁による共産主義者ディミトロフの無罪判決を想起してほしい。これは、レジームからは独立した決定であり、ドイツでこのような事態が生じるとはドイツ以外の地では想像できなかった。

ローズヴェルトの権力掌握といわゆる「一〇〇日」の間の彼の措置は、ナチスによって自分たちの革命に似た行動として歓迎された。

『フェルキッシャー・ベオバハター』紙は、一九三三年五月一一日に「ローズヴェルトの独裁的な健全化措置」という見出しで次のように書いている。

　ローズヴェルト大統領の就任以降のアメリカ合衆国における出来事は、合衆国でも新しい時代が始まったという徴候を示す意味をもっている。

そして、一九三四年一月一七日。

　われわれドイツの国民社会主義者もアメリカを注視している。……ローズヴェルトは実験を行っており、それは大胆なものである。われわれもそれが失敗する可能性があることを恐れている。

最後に、一九三四年六月二一日。

　ローズヴェルトは、その狭くて不十分な基礎の上に、人間にできうる限りのことすべてを達成した。

ナチズムが退廃した「体制期」〔ワイマル共和国〕に取って代わったように、ニューディールは二〇年代の「抑制なき投機熱」に取って代わった。『フェルキッシャー・ベオバハター』紙は、経済・社会政策における「ローズヴェルトの、ナチ的思考への依拠」、彼の支配の「指導者原理」を取り上げ、こう述べる。彼は「同じ言葉を使っていなくても、内容的には『私益に対する公益の優先』がなされねばならないことを〔要求しており〕、多くの文章〔ドイツ語に翻訳されたローズヴェルトの『前を向いて』という本〕は……ナチスが書いたと言ってもおかしくない。いずれにせよ、ローズヴェルトは国民社会主義の思想を十分理解していると想定できる」。たしかに、「民主主義の虚構」はローズヴェルトのもとでも継続しているが、「権威主義的国家への発展が切り開かれた」。そして、「大統領の基本的政治路線は……民主主義的傾向が混じってはいるが、強力な国民社会主義に同調している(2)」と。

アメリカの発展をこのように見たのは、ナチ党ジャーナリズムだけではなかった。一九三六年までアメリカに関する報告では広く自立性をもっていたブルジョワ系の新聞も、ローズヴェルトの政治を権威主義的指導者性、国家《シュタート》社会主義的経済独裁と呼んだ。ただナチズムとのあからさまな比較は、ここではそれほど前面には出ていなかった。たとえば、『フランクフルト新聞』は、アメリカ大統領を「その国民の魂を理解した人びとの一人」だとし、次のように書いている。「……その魅惑的なすがすがしさと自信によって、希望と絶望の間を揺れ動く大衆に新たな信念と新たな生命力を吹き込むことができるだろう。ローズヴェルトは、……国民を共同体生活の新たな段階に導く指導者であり改革者である(3)」。

イギリスやフランスの論評におけるイメージも似たようなものであった。それらの中では、ローズヴェルトは通常、〔古代〕ローマの意味での非常事態独裁官、あるいはムッソリーニ・タイプ——ヒトラー・タイ

図 2　「ローズヴェルト，お前もか」（『モーニングポスト』ロンドン，1933 年）

プとはそれほど言われない——の人民投票的独裁者と呼ばれた(4)。イタリア・ファシズムとの関連づけが行われた理由は、以下の通りである。すなわち、ファシズムはナチズムとは違って、すでに長い間権力の座についていて、その革命的・テロリズム的段階を終えており、たしかに西側民主主義諸国によって独裁的だと評価されたが、その他の点では、国際的に確かな政治制度として承認されていたのである。別の言い方をすれば、ムッソリーニは権力獲得後しばらくして、民主主義諸国がヒトラーには最初から認めなかったものを獲得していた。つまり、ボリシェヴィズムに対する要塞としての役割である。このように考えて初めて、一九二〇年代から、一九三五年に彼がエチオピア侵略という大罪を犯すまでの間にファシズムが享受していた国際的威信が説明できる。ファシズムは、カリスマ的な対レーニンとしてのムッソリーニを擁した効果的な対ボリシェヴィズムとして、西側にとってはその最初の防衛線だと正当化された。一方ナチズムは、その反ボリシェヴィズムの誓いにもかかわらず、それ自身が危険かつ革命的で、基本的にはプロト・ボリシェヴィズム的だと感じられたのである。[5]

さらに、ファシズムは一九三三年、ニューディールにとって特殊な比較のケースであると考えられた。というのは、イタリアはその数年前に大規模なプロパガンダを展開して、その時までは自由主義的だった経済システムのコーポラティズムへの転換を開始していたからである。「コーポラティズム」*プロジェクトは、一九二九年の経済自由主義の崩壊に対する答えとして、世界経済から国家的アウタルキー［自給自足経済］へのソ連の「大跳躍」と似たような国際的注目を集めていた。その際、コーポラティズムの道――「この時点ではファシズムの最もオリジナルな発明」（ヴァウダーニャ）[6]――は、私的所有の維持ゆえにはるかに魅力的な危機解決策だと思われた。「全国復興局」**におけるローズヴェルトの経済操作をイタリアのコーポラティズムと比較しない論評はほとんどなかった。イタリアのジャーナリズムは、ローズヴェルトとムッソリーニ、ニューディールとファシズム・コーポラティズムの類似した特徴を最も詳しく取り上げている。ムッソリーニは、ローズヴェルトの本『前を向いて』のイタリア語版への書評において、そうした比較の土台を作った。

*ここや以下では、あまりにもドイツ的な身分制国家という概念を使用せず、本書の比較研究的性格を考えるなら、国際的に用いられているがゆえにより適切なコーポラティズム概念を使用する。

**一九三三年六月に設立された全国復興局（ＮＲＡ）の課題は、アメリカ工業界に一定の生産高と価格を遵守するよう義務づける、いわゆる規約《コード》の作成と監視であった。その局長にはかつての将軍ヒュー・ジョンソンが就いた。

一方では、あからさまな類似性が挙げられる。

青少年へのアピール、闘争を開始するときの決然たる態度と男らしい冷静さは、ファシズムがイタリア国民を目覚めさせた方法を想起させる。

他方では、外交的慎重さも見られる。

アメリカとヨーロッパでは、アメリカ大統領のプログラムにどれほど「ファシズム」が含まれているのかという問題がしばしば提起されている。一般化には用心しなければならない。ファシズムを想起させるのは、経済の繁栄は国民の幸福と同一であるがゆえに、国家は経済をもはや経済自身に任せないという点である。この変革の雰囲気は、疑いもなくファシズムのそれに類似している。だが、現在のところそれ以上のことは言えない。[7]

この慎重な態度は、ムッソリーニが国際的に名声ある政治家、仲裁者としてあまり党派的な態度をとりたくなかったということから説明できる。同じ月（一九三三年七月）に出された彼の広報室の指示がこのことを証明している。ローズヴェルトの内政上の敵に好都合な弾薬を与える可能性があるため、ニューディールを公式にファシズム的とは呼ばないようにという指示である。[8]一年後、彼は明らかに、ローズヴェルトの立場がそのような慎重さを放棄できるくらいに固まったと考えた。ローズヴェルトの農務長官ヘンリー・A・ウォレスの本『新しいフロンティア』のイタリア語版出版に際して、彼はこう書いた。

この本は、そこで提案された解決策と同じように「コーポラティズム的」である。それは信仰告白であると同時に、経済自由主義に対する告発の書である。……アメリカは何を欲するのかという問いへの答えはこうである。自由な、すなわち無政府的な経済に戻ること以外のすべてのもの。それではアメリカはどこへ向かっているのか。この本を読めば、アメリカは、今世紀の経済形態であるコーポラティズムへの道を進んでいることが明白になる。(9)

イタリアの議論全体は、同じ調子で、ムッソリーニが慎重さを求めて警告していたにもかかわらず、まったく遠慮のない雰囲気（マルコ・セダ(10)）の中で行われた。ニューディールはその経済・社会政策においてファシズムと同様に、反自由主義的であるという点ですべての議論は一致していた。ジョヴァンニ・セルヴィは党の理論機関誌『階級』において、「〔アメリカの〕全国復興局」の計画策定の傾向を「ファシズム商標付き」、「組合なき組合主義〔コーポラティズム(11)〕」と呼んだ。ニューディールがファシズムとは違って民主的秩序を保持しているという事実だけが、困難の種であった。この点はたいてい、「アメリカ合衆国でも資本主義は『コーポラティズム』段階に入った」というような言い方で考慮から外された。あるいは「この傾向〔ポスト自由主義的経済秩序〕は、アメリカの動きを、ファシズムおよびイタリアの例に従う他のすべての実験と結びつける」と。

もしくは、この問題は、視野をムッソリーニとローズヴェルトという個人に狭めることで回避された。たとえば、彼のエネルギー、意志、信念、そして「彼のヴィジョンの近代性……によって、彼は疑いもなく新しいタイプの政治家の一人である(12)」といった文章で、ローズヴェルトを全体主義の側に取り込むことが行われたのである。

ファシストの議論の中で、ニューディールとコーポラティズムの比較との興味深いアナロジーは、ファシズムとソ連共産主義との対置である[13]。

ナチズムやナチスによるボリシェヴィズムの非難とは違って、ファシズムは一九二五年から三五年にかけて、ロシアの実験に強い公的関心を寄せ、自分たちの体制をこれと比較したり、これを基準にしたりする驚くほど強い気持ち、それどころか熱意を示した。日刊紙や定期刊行雑誌には、ロシアはアメリカと同じくらい頻繁に登場した。クルツィオ・マラパルテ、ルイジ・バルツィーニ、ジャコモ・ガンドルフィのような有名作家がソ連に旅行し、けっして否定的ではない彼らの印象を長編ルポルタージュの形で報告した。もちろん、ファシズムの原則的・歴史的優越性が問題にされることはなかったが、相手方を非常に客観的・徹底的に、かつ論争的ではなく強い尊敬の念を込めて分析していた。ニューディールが正しい方向――ファシズムがとっくに首尾一貫して進んでいる方向――に向かう歩みだと評価されたのと同じように、ここではソヴィエト共産主義は、反自由主義、ポスト自由主義の体制として承認され、ただ、問題の解決は階級の独裁にではなく、国民の独裁にあるという最後の――ファシズム的――洞察が欠けているだけだとされたのである。『ファシズム評論』によれば、「ロシアのボリシェヴィズムがファシズムへの序幕」であったように、ニューディールは真のファシズムにいたる道への第一段階であった[14]。

このような偏見のなさの外交政策上・権力政治上の動機は、一九三五年までは成功していたムッソリーニの戦略、つまり東と西の仲裁者として国際的重みを獲得しようという戦略であった。一九三三年のローマとモスクワの友好条約、それより何年も前に行われたソ連の外交的承認は、この路線上にあった。[15]

ナチスによるニューディール像は、二つの点でファシズムによるニューディール像に似ていた。二つのレジームにとって、世界最強の国が新しい大統領のもとで、彼ら自身がすでに何年も歩んできた、あるいは進むよう指示してきた道に踏み出したということは、第一級のプロパガンダ的正当化であった。ファシズムは一挙に、国の境界を越えて影響を及ぼす世界勢力となり、一九三三年は一九一七年のファシズム版に思われた。

しかし、新たな自信には屈折した部分もあった。イタリア・ファシズムとドイツ・ナチズムは、心理的には、思いもかけず金持ちの紳士が宿泊することになった、身分相応とは言えない宿屋のような状況にあった。喜びと誇りが口にされたのか、あるいは、明らかに資産を失い、宿泊以外の選択肢がない者に対する哀れみと軽蔑か。ドイツとイタリアの言説では、この二つの反応が続いて現れた。ニューディールの一年目には、世界最強の国によって自分たちが正しいことが証明されたという満足感が支配的であった。しかし、三〇年代半ばには、そのような気持ちは冷め始めた。

もちろん、その主要な原因は、西側諸国とファシズム諸国の関係が外交政策上冷却化したことである。それは、イタリアによるエチオピアへの侵攻に始まり、二つの国のスペイン内戦への介入で先鋭化した。西側の見方からすれば、その責任はファシズムの拡張主義にあった。逆に、イタリアとドイツは、ローズヴェルトの新たな反ファシズム路線をニューディールの経済的失敗で説明した。[16] そして、この説明は完全な誤りというわけではなかった。一九三七年には、合衆国における失業者数が新たに飛躍的に上昇し、ほぼ一九三二年の水準に達したのに対して、ドイツとイタリアでは完全雇用が支配的だった。これに加えて、今日では議論の余地のない、合衆国は第二次世界大戦を通じて初めて経済危機を克服したという事実を考えれば、ファシズム、ナチズム、ニューディールの間のさらに驚くべき類似性が明らかとなる。これら三つは、経済危機克服のために軍需景気を、最終的には戦争を必要としたのである。

それでは、アメリカの視点から見れば、この時期はどのように見えたのだろうか。ローズヴェルトの敵が日常政治上のレトリックで利用したファシズムとの比較は、その明らかなプロパガンダ的性格と恣意性ゆえに、考慮に入れないでおくことができる（たとえば、共和党の上院議員は、全国復興局を「ロシア的すぎる」と言い、他方、ローズヴェルト自身の党の別の人物は、「我が国の隅々にまでヒトラー主義を持ち込もうとする」試みだと言った）[17]。しかし、共感者や、経済学と社会科学分野の好意的な批評者やコメンテイターもまた、ニューディールにおけるファシズム的潜勢力に気づいていた。ためしに、いくつかの例を示そう。

資本主義体制を維持するために、アメリカは国家を強化せねばならない。たしかに、われわれはこれまでのところ、黒シャツの軍団も独裁者ももってはいないが、道は必然的にファシズムに向かっている。……ファシズムは、アメリカ国民の民主的感情を損なわないよう、民主主義のマントをまとって登場するだろう。しかし、いったんそれが存在することになれば、イタリアやドイツのレジームと原則的には区別できないものとなるだろう。ローズヴェルトの役割は、彼が導入した国家資本主義が徹底的に民主的であり、憲法に適っていることを国民に納得させることにある。（モーリッツ・ハルグレン）[18]

驚くべきことに、ニューディールはファシズムの手段で自由主義的目標を達成しようとしている。

……全国復興局の経済操作と社会的措置のいくつかは、明らかにイタリア・コーポラティズムの要素を借用したものである。……ニューディールがその政治哲学においてはイギリス労働党に比較しうるとすれば、その実践では、むしろイタリア・ファシズムのモデルに従っている。(ロジャー・ショー[19])

全国復興局は、ファシズムの形をとらないで、ヨーロッパのファシズムが設定したのと同じ課題に取り組んでいる。すなわち、下層中産階級の経済的基盤を破壊することによる彼らの遺棄である。……恐慌の犠牲者〔「忘れられた人びと」〕によって選ばれたフランクリン・D・ローズヴェルトは、その経済政策によって、階級としての彼らに慈悲の一撃を見舞う。彼は、ヨーロッパのファシズムと同じ目標を、それほど劇的ではない手段で追求している。(V・F・カルヴァートン[20])

ニューディールの経済政策は、ムッソリーニのコーポラティズムやヒトラーの全体主義と混同するくらいに似ている。ローズヴェルトが「自由主義的な」衣服をまとっていても、それはますます見せかけだけのものになっているので、何も変わらない。(ノーマン・トーマス[21])

ローズヴェルトも彼の政策顧問団も、形式上はファシズム的とは言えない。彼らはイデオロギー的には固まっていない。しかし、彼らが行うことはすべて、ファシズムに通じている。(ジョージ・E・ソコルスキ[22])

われわれは、ファシズムの社会的・政治的打撃を追体験することなく、ファシズムの経済計画で実験を行っている。(ジョージ・ソール[23])

ローズヴェルトは明らかに大統領権力を潜在的には独裁的なものにまで拡大した。こうして、将来の大統領は——あるいは彼自身は——ファシズムあるいは国家《シュタート》社会主義への道を容易にとることができよう。（オズワルド・ギャリソン・ヴィラード[24]）

現在の経済計画が首尾一貫して追求されれば、ファシズムの経済統制にいたることは、その性質上明らかである。……これまでの中途半端な措置が成功しなかったことによって、統制のファシズム的形態への道がならされた。（J・B・マシューズ／R・E・シャルクロス、一九三四年[25]）

全国復興局は、たとえ無意識のうちであっても、基本的にファシズム的である。（ギルバート・H・モンターニュ[26]）

全体的に見れば、ヨーロッパにおけるニューディール・ファシズム論と同じイメージであることがわかる。ニューディールは、ポスト自由主義的で、経済統制主義的・社会計画主義的レジームとして、ファシズムと同等に扱われたが、同時に根本的な相違として、ブルジョワ的自由が維持されていることが強調された。もっともその後には多くの場合、次のような気がかりな問いかけが続いた。この相違はいつまでもファシズムに対する効果的な免疫であるのだろうか、それともやはりファシズムによる伝染が生じるのではないか、という問いかけである。

われわれは、どの程度、ファシズム的な政治なしにファシズムの経済計画を行うことができるのか。（ノーマン・トーマス[27]）

ニューディーラー自身は、少なくとも公の場では、自分たちの政策をヨーロッパの全体主義と結びつけないよう用心していた。アメリカの政治家たちが「非アメリカ主義」という非難を非常に恐れていた一九三〇年代にあっては、それほど不思議なことではない。それでも、例外やほのめかしはあった。ローズヴェルトは、ジャーナリストに対して、ムッソリーニとスターリンを「同志」と呼んだことがあった。そして、全国産業復興法の提出に際して、彼が、この法律によって新たに形成される産業連盟を「これらギルドの近代的形態」と呼んだとき、事情に通じている人びとには、ファシズムの組合をほのめかしていることは明らかであった[28]。

しかし、公的な場以外のところでは、ローズヴェルトはムッソリーニやファシズムの経済・社会秩序への関心と共感をより明白に示した。彼は、一九三三年春の就任後ただちに、古くからの政治的腹心ブレッキンリッジ・ロング——ローズヴェルトは社会モデルとしてのファシズムに対する彼の共感を知っていた——をローマ駐在大使に任命した後で、彼のイタリアの印象について、外務省を通さずに直接報告させた。ロングの最初の熱意溢れる報告に、彼は次のようにコメントしている。「問題なし。彼〔ムッソリーニ〕は実際、われわれが行っていることに興味をもっている。そして、私は、イタリアを再建しようという彼の誠実な意図に、また彼のこれまでの業績に深い感銘を受けている[29]」。

ローズヴェルトとヒトラーを初めから隔てていた、社会的・イデオロギー的・政治的世界とは異なり、ローズヴェルトは三〇年代半ばまでムッソリーニに「共感と信頼だけ[30]」（マウリツィオ・ヴァウダーニャ）を感じていた。

似たようなことは、ローズヴェルトの協力者グループにも言える。ここでもまた、彼ら自身の国で行われているこことファシズム・モデルとの収斂について、ローズヴェルトの協力者数名がソヴィエト・ロシアの実験に対して抱いていた一定の共感と同様、公の場では示さないよう注意されていた。

しかし、内輪の場では異なっていた。たしかに、全国復興局局長ヒュー・ジョンソンがイタリアのコーポラティズムに関する本を高く評価して贈ってくれたという、ローズヴェルト内閣の閣僚の一人の主張は根拠がない。[31] しかし、ニューディール内部のグループでも、その外側のグループでも、親近感がもたれていたことを示す根拠は十分に存在する。

レクスフォード・タグウェルはローズヴェルトのブレーントラストの中で最左翼に属し、ソヴィエトの計画システムへの共感を隠さなかったが、彼は、イタリアへの視察旅行の間に、次のことを確認した。彼［タグウェル］がイ、デ、オ、ロ、ギ、ー的に拒否している体制は、経済危機の克服と社会の近代化のために、

私が必要だと考える多くのことを［行っている］。イタリアは現在、組織的に刷新されている。……ムッソリーニに対する反対派はここでは、われわれのところでローズヴェルトに反対するのと同じ人びとからなっている。だが、彼が新聞を統制しているので、彼らは日常的に嘘を広めることはできない。たしかに、この国には資源がないが、その代わり、一致団結して彼を支えている。第一印象に誤りがなければ、彼の成功は尋常なものではない。

そして、進歩の推進力としてのファシズムについてこう述べる。「これは、私がかつて見た中で最も正確かつ効果的な社会機械である。うらやましい」[32]。

エレノア・ローズヴェルトの親友で、時おり報告者としてニューディールの「前線」に派遣されたロレー

ナ・ヒッコクも、同様の羨望を口にしていた。地方のニューディール管理者の絶望的な要求（「ローズヴェルトが独裁者なら、もっと多くのことを達成できるだろうに。だが、どうしようもない」）に対して、彼女はこうコメントしている。

不本意ながら、私は彼に賛成である。私が二〇歳若く、三五キロ軽ければ、合衆国におけるファシズム運動のジャンヌ・ダルクになることも十分想像できただろうに。(33)

「フェビアン・ファシズム」

ヒトラーとナチズムは、いつの時点でも、共感の混じったこのような尊敬の念を享受することはなかった。しかし、そうはいっても、個々のプログラムや措置が模倣するに適当かどうか、入念に観察されなかったわけではない。(34) その理由の一つは、国に関わる常套句の違いにあった。イタリアは、けっして完全には真面目にとられることのないオペレッタの国であり、これによって脅かされるとは感じられなかった。それに対してドイツは、昨日まではまだ、苦労してようやく打ち負かし、プロパガンダによって悪魔視された世界大戦における敵であり、イタリアの対極を体現していた。そして、ナチズム――国民社会主義は、学問的文献においても最初からこのように呼ばれた――は、つねに潜在的に存在したゲルマン人の野蛮性を強めたものにすぎないと思われた。世界大戦中のプロパガンダによって描かれた、ベルギーの赤ん坊を突き刺すドイツの暴力的兵士のイメージをユダヤ人ポグロムに転用する必要があっただけで、一五年間の無害で無垢なドイツ・イメージは、消し去られたも同然だった。一方、イタリア・ファシズムは、一九三〇年代初めにははるかに好意的な目で見られていた。街頭でのテロは一〇年も前のことになっており、政治的敵へのヒマシ油の投与やむち打ちに対する自由主義者の怒りは出尽くし、それに代わって、鉄道時刻表が正確になったと賞賛されるようになっていたからである。

しかし、ファシズムに対するアメリカの偏見のなさ、あるいはむしろ一部のアメリカ知識人のそれには、国民心理的な理由とならんで、もっと正確に定義できる理由もあった。それは、プラグマティズム哲学の学徒たちがファシズムに対して感じた自分たちとの「同質性」[35]（ペーター・フォークト）であった。これらの知識人たちは、一〇年後にシドニー・ウェッブとベアトリス・ウェッブ夫妻の世代がスターリンのソヴィエト共産主義に魅了されたのと同様に、彼らの理想の実現としてファシズムに魅了されたのである。

プラグマティズムは、この議論との関連で単純化して言えば、世紀転換期におけるアメリカの近代化哲学であり、第一次世界大戦前の二〇年間に、革新主義の政策に後々まで残る影響を与えていた。古典的な啓蒙的合理主義と自由主義は、一九世紀末に現れたような経済的・社会的状況にはもはやそぐわないという認識から出発して、プラグマティズムの影響を受けた一部の政治・社会理論家は、自由主義を超える、あるいはポスト自由主義的な方法を用いて、経済、社会、国家、道徳などの働きを近代化しようと考えた。たしかに、誰も、自由主義の中心的成果である個人の政治的自由を廃棄しようとは思わなかった。だが、目標は「社会の意識的で、理知的な編制」であるという前提で、国家による経済と社会の包括的な統制、計画化、操作を行う用意があったのである。

ファシズムのコーポラティズム的秩序のこのような性格づけは、コロンビア大学におけるプラグマティズムの代表者でデューイの弟子であるハーバート・W・シュナイダーに由来する。彼は、別の機会に、自由な農民の共和国というトマス・ジェファソンの理想を「ジェファソンのファシズム」[36]と呼んだことがあった。プラグマティストの中のファシズム共感者たちは、その政治的抑圧を、あらゆる重要な歴史的革命の際に起こるような、遺憾ではあるが説明しうる付随現象だと考えた。たとえば、歴史家のチャールズ・W・ビアードはこう述べている。

　ファシズムのレトリックや実際の異常性に圧倒されて、歴史的潜勢力を無視するのは誤りであろう。偉大な革命はすべて、そのような状況のもとで遂行されたのである。

ビアードは別の時にファシズムを、ロシアのツァーリズムのような「おぞましい独裁」とは共通点をもたず、むしろアメリカのチェック・アンド・バランス・システムに対応する体制だと考えた[37]。このような好意的な理解を、ナチズムに関する同時代の政治学や社会科学の文献に探しても見つからない[38]。

ファシズムは、この考え方では、国家統制主義《ディリジスム》とほぼ同義であった。したがって、頻繁に用いられた「経済的ファシズム」というニューディールの呼び方も同様である。これは、同じく転換の年、一九三三年に始まったスウェーデン・モデルにならう社会民主主義的統制主義《ディリジスム》よりも、(今日の見方からすれば)適切な表現であろう[39]。

合衆国ではファシズムあるいはファシズムのようなものが、ヨーロッパから輸入された「制服運動」[40]としては成功せず、アメリカ特有の形態を帯びざるをえないという点について、三〇年代の議論では広く一致していた。一番有名なのは、ローズヴェルトの最も危険な政敵ヒューイ・ロングによる次のような言葉である。「アメリカのファシズムは、やってくるとすれば、反ファシズムとして登場するだろう」[41]。たとえばニューディールのような、アメリカの（輸入物ではない）ファシズムが政治的画一化や抑圧なしですむことの説明は、多岐にわたっている。まず、ヨーロッパでは暴力をもって初めて実行されえたファシズム的諸原則が、合衆国では、ファシズム的だと認識されることなくとっくに実現されているというテーゼがある。

アメリカの民主主義は二重の意味でファシズムへの抵抗力をもっている。第一に、その正式の自己理解は反ファシズムだからである。第二に、それは意識することなく、すでにファシズムの基本的な諸要素を含んでいるからである。これらの要素が、ヨーロッパ特有のファシズムの形態に対する免疫力をもたらしているのである[42]。

また、自由主義体制からファシズム体制に、誰も変化を感知できないほどひそかに徐々に移行するという期待もある。

全国復興局はアメリカ的ファシズムの始まりである。……しかし、イタリアやドイツとは違って、アングロ・サクソンの世界では、議会制民主主義が頑丈な種族伝来の制度である。したがって、アメリカやイギリスのファシズムは、きわめて慎重に、これを廃棄するのではなく、修正された形態で保持し、拡充する。……アメリカのファシズムは、ほとんどの選挙民がまったく気づかないほど控え目な形で登場するだろう。……そしてその指導者は、現在のように上着を脱いだヒトラーやムッソリーニの模倣者ではなく、この国で最良の大学を出た、尊敬の念を起こさせるようなフロックコート姿の名士であろう。(43)

ニューディールにおける政治的民主主義の保持については、それぞれの立場に対応した評価がなされた。確信的な自由主義者たちが、民主主義の解体――たとえば、最高裁に影響を与えようとするローズヴェルトの試み――を恐れたり、あるいは他方でニューディールを独裁に対する民主主義の勝利だと賛美したりしたのに対して、リアリストや皮肉家たちは、アメリカ民主主義に関するトクヴィルの古典的分析で訓練されて、次のことに気づいていた。

おそらく民主主義的自由の廃棄はもはや必要ではない。というのは、人びとは、抑圧が自由よりもはるかに危険になりうることを認識しているからである。(44)

「フェビアン・ファシズム」という名称は、哲学者でコロンビア大学におけるハーバート・W・シュナイダーの同僚、ウィリアム・ペッペレル・モンターニュが、一九三四年のプラハにおける国際哲学会で、彼が支持するニューディールに対して――あるいはむしろ、彼が提案した、ニューディールの一定の措置の展開に対して――つけたものであった。(45) というのも、モンターニュは、ヨーロッパの独裁とは違って自由主義体制を「民主主義的方法によって、善意の精神で……ゆっくりと」変化させようとする試みには、成功のチャンスがほとんどないことを認めていたからである。彼の提案は、「ファシズム的共産主義と民主主義的資本主義」からなる二重経済の形成であった。

そこでは、資本主義的経済過程で働く人びとの市民権は変更されずに維持されるが、失業者はコミューン（「自由競争の世界における保護区」）に集められることになる。このコミューンはまとまった経済システムを形成し、それは自由主義的・民主的にではなく、独裁的・テクノクラシー的に組織される。モンターニュのプラグマティズム的診断はこうであった。「仕事ができる人びとにとっての資本主義は、残りの困窮する人びとにとっての共産主義によって補われる」。

二つの世界の間の選択は、現実に存在するファシズムにおけるのとは違って、個々人の自由に委ねられる――一年から三年、自らコミューン独裁下で義務を負うことから、「好きなように、そのシステムから離れる」選択にいたるまで。

ニューディールは、そのプログラムのいくつかにおいて、二重経済という構想を試みの形で実現した。たとえば、自給自足農場という入植プログラムや、民間資源保存団、テネシー川流域開発公社において。* これらにおいては、全体としての自由主義的資本主義から個々の領域が取り出され、入植プログラムで示されたように、ファシズムやナチズムの似たような事業とほとんど変わらないやり方で権威主義的に組織された。(46)

*自給自足農場とテネシー川流域開発公社については、後の章を参照。民間資源保存団は、若年男性用の雇用創出プログラムで、三〇年代にはしばしば、ナチズムの帝国労働奉仕団のアメリカ版だと特徴づけられた。

戦争のメタファー

ファシズムとナチズムにとって、戦争体験はすべてを規定する創造的行為であった。ともに、第一次世界大戦を自由主義の破産かつ終焉と見ていた。一九一八年以降に起こったことは、両者にとって、単に死に体の復活、これを再生させようとする試みにすぎなかった。しかし、戦争は、もっと正確に言えば、前線は新しいものをもたらしていた。すなわち、砲火の中で成立し、火によって浄化され、鍛えられ、生まれかわった人びとの共同体である。前線では、階級の壁が燃え尽き、新しい共同体が作り上げられた。ファシズムとナチズムはその自己理解では、故郷に戻った前線の運動、なおも古いものに支配された国家に新しいものを持ち帰る英雄的・メシア的運動、前戦から故郷に向けた覚醒の呼びかけであった。

政治運動の諸形態は前線から引き出された。指導者原理、制服着用、突撃隊、政治的対決に代わる中心的概念としての闘争、多様な建設合戦という言い方。両者の権力掌握――実際には合法的な政府の交替であった――は、前線から故郷に戻る長い行進を勝利という形で終わらせるものだと解釈された。また、ネイションを取り戻し、それを自由主義の支配から解放することだと、戦士による商人の追放だと、そして一九一四年八月ないしは一九一五年五月にドイツやイタリアできわめて熱烈に体験されたあの国民的一体化の再現だとも解釈された。戦争神話は、権力掌握後に自由主義的・議会主義的国家から、軍を模範として組織された指導者国家へと改造される際に影響を与え続けた。

ニューディールの戦争メタファーや戦争心理学は、ファシズムのものほどには知られていない。今日そのことについて知っているのが専門家だけだということは、合衆国が悪名高い軍国主義的平和妨害者に対して平和と市民的自由というスローガンのもとで戦った第二次世界大戦の結果である。合衆国の自己理解によれば、彼らは、全体主義の攻撃に抵抗し、世界を全面的軍事化から守るために、余儀なく武器をとらざるをえなかった平和的・友好的な商人であった。

だが、ローズヴェルトは一九三三年三月の就任演説において、戦争と商業の関係を違う形で提示していた。商人、あるいは、聖書の言葉を使えば両替商は、国を危機という災難に陥れた者たちであり、彼らを国家という神殿から追放することが第一の任務であった。恐慌を経済的・社会的に克服するだけでは十分ではない。彼らに正式に宣戦布告しなければならない。国民を一つにし、義務を負わせるこの行為がなければ、必要なエネルギーや犠牲を調達することはできない。次の言葉は、今日では月並みなプロパガンダのメタファーのように聞こえる。

　われわれは、勝利のためには、突撃力があり、規律正しく、犠牲の覚悟ができた軍を作らねばならない。……私は、すべての人が全体の幸福のためにこうした犠牲を払い、このような規律を受け入れる覚悟があると確信している。なぜなら、これに基づいてのみ、必要なリーダーシップが可能だからである。……それゆえ、私は躊躇なく、わが国民のこの偉大な軍隊の指導を引き受ける。

――そして、これがすぐに成果をもたらさない場合には、例外法によって戒厳令状態を布告するとほのめかす。

それから私は、自分の義務を遂行するために、危機克服のために最終的な全権を与えるよう議会に要請する。つまり、敵の侵攻からわが国を守るために必要な緊急措置をとるための全権付与である。(47)

――これらの言葉は、一九三三年春には、まだそれほど昔のことではない歴史的記憶に満ちていたために、また別の、はるかに具体的な響きをもっていた。というのは、ファシズムやナチズムと同様、ニューディールも戦争体験を話題にするときには、第一次世界大戦のことを考えていたからである。その際、ニューディールが言及した他の多くのことがらと同様、大戦についてオリジナルなことが言われたわけではなく、すでに他の人びとによって言われていたことを取り上げただけであった。

経済恐慌が月並みな手段では克服できないことがわかって以降、戦争に似た偉大な国民的力業を求める声が大きくなっていった。革新主義の影響を受けたジェネラル・エレクトリック社社長、ジェラルド・スウォープはすでに一九三一年、注目を集めた危機克服計画を提案していた。ローズヴェルトは、いくつか補ってこれを取り上げ、全国復興局として開始することができた。スウォープはローズヴェルトの二年前に、フーヴァー大統領に対して戦争アナロジーを用いていたが、フーヴァーはこの計画を「ファシズム的、独占的」だとして拒否した。スウォープの提案は次の通りである。

戦争の危機が迫れば、大統領は特別議会を招集し、戒厳状態を宣告し、総動員をかけるでしょう。現在の危機は、多くの点で、戦争よりも脅威です。それゆえ、私の提案はこうです。特別議会を開催し、そこで大統領は一〇億ドルの国債を募集する全権を与えられること……続いて、世界大戦中のリバティ・ボンドをモデルとした募集キャンペーンを行うこと。(48)

同様にローズヴェルトの就任――この時、彼はスウォープの言葉をほぼ逐語的に用いた――の二年前、指導的な革新主義経済学者の一人、リチャード・T・イーリーは、失業者団の形成を提案した。これは、経済参謀本部の指導のもと、「われわれがかつて世界大戦で動員したエネルギーおよび資源をもって危機を克服する」(49)というのである。

一九三〇年頃のこうした表明は、文民的・平和主義的言説の中で軍事的な言葉を誤って使ってしまったというものではまったくなく、当時の時代精神の現れであった。ただこの精神は、フーヴァーのような人びとを素通りしたが。戦争メタファーは、改革プログラムやその実行のために設立された諸機関に刻印されていた。一九一七年の戦時産業局*に倣って作られ、この機関のかつての協力者ジョンソン将軍に率いられた全国復興局や半軍事的に構成された民間資源保存団。そして、(軍需産業労働者用の住宅団地をモデルにした)入植地建設や、河川改修およびエネルギー生産のような一見したところ軍事とはかけ離れたプログラムでさえ(テネシー川流域開発公社は、世間には、第一次世界大戦の軍需生産プロジェクトを発展させたものだと紹介された)。

*ウィルソンが作った、合衆国の経済全体を戦争指導に従属させる政府機関。

大戦期の動員のオーラは、ニューディール内部の指導的グループにまで達していた。それは、引退した、一九一七年から一八年時の戦時経済官僚の一種の同窓会と言うことができる。あるいは、関係者の視点から見れば、当時期待外れに終わった歴史の一こまをより満足のいく結果をめざして繰り返そうとする試みとも言うことができる。戦争経済は自分にとって一種の社会主義で、その終結は偉大な実験の挫折であったというタグウェルの告白は、この世代の大部分に当てはまり、初期ファシズムやナチズムの類似したノスタルジックな決起の雰囲気に対応していた。両者を体験したジャーナリストたちは、ニューディールの最初の頃の国民的雰囲気から、ローマ進軍の時期やドイツの一九三三年三月選挙を想起している(50)。

ファシズムとナチズムが前線体験なしには理解できないのと同様、ニューディールのメンタリティやレトリック、シンボルは、第一次世界大戦との関連づけや第二のチャンスという発想なしにはほとんど理解できない。だが、戦争メタファーの根はもっと深いところにあった。

資本からの解放者

ドイツ、イタリア、合衆国では、第一次世界大戦勃発前の二〇年間に、近代の経済的・社会的状況に直面して、自由主義の明白な失敗に反対する抵抗運動、改革運動が存在した。一九世紀末の自由主義は、社会をますます貧者と富者に両極化させる経済秩序として、また政治的代表システムとして、新しい大衆社会にとっては、一〇〇年前に封建的・絶対主義的体制が市民層にとってそうだったように、時代遅れのものに思えた。そして、精神的なものに関する同様な退廃が存在した。文化は人類の啓蒙と解放に奉仕することをやめ、多数に対する少数者の支配を保証するという任務のための大衆操作へと堕落していた。精神的エリートたちが物質的不平等とならんで何かに怒っていたとすれば、それは、不平等を覆い隠すために日々生産される通俗文化であった。一八七〇年頃に生まれ、九〇年代に大人になった世代にとって、こうした発展は、彼らが、誕生した時にちょうど終結したばかりの国民的統一戦争［イタリア統一、南北戦争、ドイツ統一］を理想として育てられていた場合には、それだけいっそう耐え難いものであった。三つの国すべてにおいて、国民的・

自由主義的理想の実現の代わりに、抑制のきかない強欲の時代が始まった。アメリカの市民戦争［南北戦争］には、成金男爵の金ぴか時代、ドイツの帝国統一には、詐欺を伴う泡沫会社乱立時代が、イタリア国家の設立には、議会の泥沼が続いた。一八九〇年世代の中で自分が近代的だと思っている者は、もはや自由主義のカードには賭けなかった。このことは、以下のようなものへの傾倒の中にはっきりと現れた。審美主義への傾倒。自然への傾倒、および自然を資本主義の破壊ローラーから守るという任務への傾倒。利潤動機による堕落を防ぐことを重視する技術への傾倒。レッセ＝フェールの無政府状態に対する選択肢としての組織と秩序への傾倒。そして最後に、ネイションへの傾倒。このネイション設立時の本来の理想主義を新たな活力へと目覚めさせることが任務だと考えられた。一八九〇年世代は、国家を商人の手から解放し、それを資本のための夜警から資本に対する効果的な指導・操作・統制機関にしようとした点で、反自由主義的、ポスト自由主義的であった。

　この目標設定は、社会的・経済的な出発状況を考えれば、まったく私心のないものというわけではなかった。というのは、レッセ＝フェールという「フロンティア」の消滅と全員にとってのチャンスの喪失によって、個人的な経済的・社会的上昇は広く遮断されていた。ほとんどの新中産階級のように、工業界・金融界のブルジョワに属さない者は、教育によってしか、もっとうまく言えば、専門職の訓練によってしか資格を獲得することができなかった。こうして、企業家層への道が閉ざされるという窮地から、経営者《マネージャー》や官僚、公務員をよしとする新たな理想が生まれた。新しい階級は、自身が資本所有者であることなく、真のエリートだと自認することができた。その技術的・専門家的能力に基づいて、古い企業家層に優越し、経済、社会、そして最終的にはネイションを指導する使命があるというのである。

ポスト自由主義的な経済、社会、国家の秩序観は、二つの源泉から養分を得ていた。すなわち、経済と国家の統合という社会主義理論と、プロイセンにおける国家統制主義《ディリジズム》の実際的模範である。一九〇〇年頃のヨーロッパでは、社会主義概念が一部の新中産階級によって引き受けられて脱プロレタリアート化され、キリスト教社会主義、国民的社会主義、プロイセン社会主義、国家社会主義といった名称のもとで、もはや階級の救済教義ではなく、国民《フォルク》の救済教義だと告示されたことによって、新たな種類の総合が生じていた。

合衆国でこれに対応する運動が革新主義であった。これについては、ニューディールの理念上・人員上の貯水池としてすでに紹介した。しかも、若きフランクリン・D・ローズヴェルトが本質的な影響を受けた革新主義は、プロイセン・ドイツ・モデルに強い影響を受けていた[51]。ほとんど次のように言うことができる。一九三〇年代のニューディールにとってのファシズムと似て、一八九〇年から一九一〇年の時期には、技術・経済・政治の科学化というプロイセン・ドイツ・モデルが革新主義によって模範と見なされたのである。ウッドロー・ウィルソンも含まれる、この改革運動の指導的な人物は全員、ドイツで学ぶか、ドイツ・モデルに従って設立されたアメリカの大学で学ぶかのいずれかで、その際、ヘーゲルの国家論とプロイセン・ドイツのミリタリズムを、もはや自由主義的・無政府的諸原則では統治できない近代社会を効率的に組織するモデルとして評価することを学んでいた[52]。一九一〇年のウィリアム・ジェイムズの有名なエッセー「戦争の倫理的等価物」はこの影響の頂点を記している。同じ革新主義者たちが数年後にプロイセン・ミリタリズムを、世界的悪でアメリカ参戦の道徳的理由だと宣言したが、これは、合衆国はミリタリズムに抗して自由と民主主義のために戦うのだというプロパガンダによる自己演出に従いさえしなければ、矛盾しているとは思えない。このスローガンのもとで、一九一七—一八年に、そして戦後数年の間に、アメリカの内政上実際に起こったことは、あらゆる戦争反対勢力の統制と抑圧であった。これは、たとえばヘンリー・ラスウェルやチャールズ・ビアードのような自由主義的政治学者や歴史学者の証言によれば、おそらくツァーリズム・ロシアを除いて、他の参戦国のどこでも見られないほど徹底的、いや全体主義的に行われた。一九一七年一〇月［ロシア暦］のボリシェヴィキの一撃を起点とする、二〇世紀全体主義の普通の年表からは外れるが、ロバート・ニスベスのように、全体主義的独裁が世界で初めて上演されたのは、一九一七年春の合衆国においてだったと考えたい気になる。いやもしかしたら、レーニンはウィルソンの注意深い弟子だったのかもしれないとさえ思えてくる。[53] ちなみに、革新主義者の好戦主義やミリタリズムは、一九一五年のイタリア社会主義者の中のムッソリーニ一派における戦争への熱狂と似たような矛盾を抱えていた。後者が世界大戦への覚悟を、それはまっすぐに世界革命につながるのだと説明したように、アメリカの革新主義者たちは、参戦を大きなチャンスだと考えた。テクノクラートとして国家の中で指導権を獲得し、そうして一挙に、長い平時に経済界の民間実業家たちによって繰り返し妨げられてきたことを、つまり経済、社会、ネイションの根本からの革新を実現するチャンスだ、と。戦争と福祉は、革新主義者たちの戦争レトリックでは交換可能な、ほぼ同義の概念になったのである。

そして戦時期の二年間、彼らは自分たちの期待が満たされたと信じることができた。というのも、「戦時社会主義的に」組織された経済と社会の指導は、今や突然奇跡のように経営者・専門家——もはや民間の資本所有者や会社に責任を負うのではなく、国民のみに責任を負い、それゆえ本来正当な国民の指導者——の手に帰したのではなかったか。彼らの中の一人が一九一七年夏にワシントンから報告したことは、一九三三年にそのまま引き継がれてもおかしくない内容であった。

社会的奉仕に対する熱狂が蔓延している。……新しい政府部局が雨後の筍のように数多く作られた。タイプライターが注文され、新しい便箋の頭書きが提案された。われわれは、ミツバチの群れのようにブンブンと飛び回っている。ひっきりなしに、費用を気にすることなく電話をかける。広報活動が一番重要である。……それは生き生きとして、刺激的で興奮を起こさせる。

啓蒙された「民主的集団主義」の新しい時代を迎えるのだという確信は、励ましであった。レッセ＝フェールは死んだ。計画万歳――戦争のためばかりか、同時に、平和と来たるべき友愛の国の基盤としても。[54]

第2章　カリスマ的指導者
──ローズヴェルトとヒトラー──

ヒトラーとフランクリン・D・ローズヴェルトは、今日ではこれ以上は想像できないほど、対照的な人物だと思われている。一方は、上り詰めた平民、ヒステリー症のデマゴーグ、良心なき独裁者、非人間性や悪、全体主義的なるものの化身。他方は、貴族的紳士、生まれながらの個人的・政治的権威をもち、超然としているが同時に、骨の髄までリベラルで民主的、人道主義的。しかし、一九三〇年代の同時代人の認識によれば、そして近年の歴史研究によっても、二人は大衆を魅惑するカリスマ的な人物であり、彼らなしにはナチズムもニューディールも不可能だったと考えられている。

カリスマに必要なのは、指導者がきっぱりと、できる限り象徴的な形で、既存の権力集団や組織の外に立つことである。指導者は、名もなき大衆からの成り上がり者であろうと、支配階級からの離反者であろうと、諸政党の上に立つ人間である。無名の大戦兵士ヒトラーと、貴公子ローズヴェルトは、反対の極から、「体制」との違いや距離というこの前提を満たした。救済者メシアは外からやってこなければならないのである。(1)

カリスマ的指導は、普段の代表システムがもはや機能せず、人びとを熱狂させなくなる危機の状況で成立する。社会学的に見れば、それは、大衆と指導者が、危機によって信用を失墜した仲介制度（議会、政党）を飛び越えて、人民投票的に直接結びつくことであり、心理学的に見れば、大衆とカリスマ的人物が古いシステムに対抗する共通の運動へと融合することである。こうした協働がなければ、運動は、そしてその二つの構成要素は、できそこないの発酵生地のようにしぼんでしまうだろう。

大戦間期の全体主義独裁の指導者たちが、近衛兵によるテロだけで支配した古いスタイルの専制的支配者ではないことは、社会学を学んだ観察者には、最初からわかっていた。「民主主義、それは独裁である」という表現で——そして、それを転倒させた形で——、大衆の時代には、個人の政治的自由や理性という自由主義の観念はもはや通用しないという認識が表明された。

こうした状況のもとで、カリスマ的指導者性とは、まず、政治システムから独立して、永続的に大衆と直接結びつく能力、それゆえ伝統的な政治家たちがせいぜい一時的に、限定された聴衆に対してできたことを、国民的レベルで築き上げる能力を意味した。そのための前提は、アンリ・ド・マンが一九三二年に『大衆と指導者』で確認したように、動物調教者の不安のなさである。マンが言おうとしたのは、大衆に対する不安というよりは、ブルジョワ的憂慮からの自由、「物質的ことがらに対する超然たる態度」である。カリスマ的人物の賭博者・冒険家の側面と言えるかもしれない。カリスマ的人物は、「ブルジョワ的不安からの解放、新たな英雄時代、所有に付随するのとは別のもっと気高い権威、これらへの満たされない強い憧れ」(2)を満たす。その際、単なる賭博者・冒険家とは違って、しかしまた職業政治家とも違って、カリスマ的指導者は、非常に真面目で、疑う余地のまったくない愛他性をもっているという印象を与える。

彼の演説から生じる、誠実さ、率直さ、真面目さの印象は、通常の政治家の不器用な言葉とは正反対である。……彼が聴衆に与え、彼らをじかに感動させるのは、信頼がもてるという感情である。……カリスマの演説は、言葉による集団的ミサである。（アレクサンダー・ドルナ[3]）

図 3　庶民に手を差し出す貴公子ローズヴェルト（クラレンス・D・バチェラーによる風刺画，1934 年）

ド・マンは「他人の魂への感情移入」という指導者の能力について語ったが、ナチスの理論は、指導者性と独裁を区別しようとする努力において一歩先へ進み、ヒトラーを「共同体の化身」（エーリヒ・ベッカー）[4]と呼んだ。国民の魂をその中に受け入れ、血肉化し、意志として強調する一種の容器としての指導者という観念を、ロジャー・ボナールは一九三六年に、ナチスの法理論と正当性理論に関する著作の中で描いている。

図4　アウトバーン工事の鍬入れ。国民のために働くカリスマ的指導者ヒトラー。

指導者の権力は、彼の個人的な権威に依拠する。それは同時に、彼が国民《フォルク》の精神に最も深く満たされ、したがって国民が彼を通して権力を行使することによって、正当性を獲得する。……それゆえ、国民は、指導者に従うことによって、ただ自分自身に従うのである。

［ボナールによれば］このことは、現実に鑑みればたしかに純粋な神話である。しかし、大衆は指導者を信じているので、彼は、すべての神話や宗教のように、大きな心理社会的結合力を発揮する。「ナチズムは、この神秘的基礎にその力を負っている(5)」。

ローズヴェルトとラジオ

ヒトラーとローズヴェルトによる権力獲得のまさに双子のような同時性は、彼らの基本的には正反対の政治、イデオロギー、社会的出自、個性を際立たせているが、他方で同時に、両者ともに大衆の魂に個人的に、いやほとんど親密にと言ってよいやり方で話しかける尋常ではない能力をもっているという観察もあった。彼らはそれぞれ異なる方法で、偉大な人物が大衆に向かうというのではなく、個々人一人一人にじかに話しかけているという感覚を聴衆に与えた。

ローズヴェルトの場合、この能力は、彼が好んだコミュニケーション手段、ラジオの性質で説明することができる。ここでは親密性と直接性が聴取状況に組み込まれていた。聴取者は技術的・音響的に、話者

——演説者ではなく——の声を直接耳にできるよう、向かい合って座る。ラジオ・スピーカーを通して、指導者は、最も親密な社会単位、家族のまっただ中に入り込み、個々人に親しく話しかける。大衆民主主義においてはますます遠くなり、匿名的になっていった公的な演説者と聴衆の間の距離は、ラジオの助けで、突然ふたたび最も親密な近さに縮まる。映画は、視覚によって観客を事件のまっただ中にいるという幻想に導く、最初の夢の工場、メディアの麻薬であったが、ラジオは、その音響による対応物であった。その際、大衆の生きた集団的身体とそれが生み出す強い「磁力」は失われた。しかし、それは、マーシャル・マクルーハンの言う「自我が技術に溶け込む、電気によるエデンの園」によって十分以上に補われた。観客や聴取者は、映画館の暗闇の中における孤独とスピーカーの前での孤独を、寂しいというよりは、逆に最高の没入状態だと感じたが、これによって彼らはそれだけいっそう緊密かつ親密で、密閉された形で全面的に、上演されたものに引き入れられた。

ラジオの声は、その身体性のなさによって、聴取者が心理的に一種の吸引作用に捕らわれるという点でも、(無声)映画の対応物であった。聴取者は、他の感覚——映画の場合は音、ラジオの場合は可視性——が奪われた状態で、空白を自分の想像力によって好きなように満たした。感覚の半分が剝奪された状態で向かってくる現実を、聴取者はその個人的な願望、幻想、習慣に従って再構成した。たとえば、一九三八年、火星人が上陸したというオーソン・ウェルズのフィクションの報告が聴取者によって現実だと理解されたときに、ラジオが放送されたニューヨーク地域で起こったパニック状態は、単に聴かれたことを想像力が「補完」した結果だと説明できる。(6)

ローズヴェルトのラジオの声は、「黄金の声」、「生き生きとした」、「心地よい」、「豊かな」、「輝かしい」、

「音楽的」[7]などと知覚された。それは人間的・性格的・政治的特徴に転用されて、次のように言われた。「ローズヴェルト大統領の声となって語りかけてくるのは、真剣さ、善良さ、決断力、確信、強さ、勇気、信頼性である」[8]。

その響きは非常に説得的・暗示的・権威的であったので、同時代の修辞法《レトリック》研究者は次のように考えた。「ハーバート・フーヴァーが同じ言葉を語ったとすれば［この場合は、一九三三年三月の就任演説で］、株価と社会の信頼はもっと深く落ち込んだであろう」[9]。

ローズヴェルトはラジオでの国民への語りかけを「炉辺談話」と名づけたが、彼はこれによって、親密性を大衆文化的ブランドへと高めた。彼は、就任の数週間後には世論では「ラジオ大統領」であり、カリカチュアや風刺作家の対象となった。ジョン・ドス・パソスは、［聴取者に親しく「あなた」「私」と語りかける］「あなたと私」大統領について辛辣な文章を書いた[10]。ローズヴェルトのラジオでのイントネーションは、すでにラジオを利用していた先行者や、大統領職をめぐる彼のライヴァルたちができなかったほど、このメディアにぴったりであった。彼らのラジオ出演は、ラジオ用に考えられたものではなく、ラジオで中継された伝統的な大統領や大統領候補者のスピーチ、演説であった。一九三三年六月の『ニューヨーク・タイムズ』によれば、「他の者たちは演説をし、彼はおしゃべりをする」[11]。

ローズヴェルトには巧妙なレトリックの才能がまったくなかったことが[12]、新しいメディアの時代においては、彼の利点となった。ちょうど新しく成功するタイプの映画俳優には、単純で自然な表現が、舞台俳優の時代錯誤的となった大げさな身振りに対して利点となるのと同様である。しかし、彼の成功は、その飾り気のない性質のおかげだけではなかった。それは、入念な演劇的技巧と体系的訓練に依拠していた。ヒトラーが演説家の身振りを訓練したように、ローズヴェルトは、すべてのラジオ出演に際して、発音、イントネーション、転調、テンポ、間の長さ、言葉の選択を何度も試した。基本的基準は、アメリカ英語で最も一般的に使用される一〇〇〇の単語だけを使うことであった。ラジオ・スピーチの前にはいつも人工歯をはめることによって、生の講演ではほとんど気づかれない、わずかな歯のすれる音が除去された。ローズヴェルトは演劇的観点から見た違いを十分に意識していたので、ラジオのスピーチと実際の演説はできる限り分けて行われ、そのため、公衆の前で行う演説のラジオ録音を断念することも稀ではなかった。

ローズヴェルトの方法と能力、つまり聴取者に、彼が完全に個人的に向き合って、政府が「彼らの幸福だけを、そして共同体の中で彼らに自分の場所を与えること」[13]（ウォーレン・サスマン）を考えていると思わせる方法と能力は、同時代の評論家によって詳しく取り上げられた。『ニューヨーク・タイムズ』のメディア批評家は、ローズヴェルトの「炉辺談話」を「アメリカ全体との心と心の話し合い」と名づけ、NBCの番組ディレクターの言葉を引用した。

ラジオにおけるローズヴェルトの成功の鍵は、遠く離れた聴取者に、彼が自分と——自分に、ではなく——話していると思わせる能力である。……聴取者は、大統領が、自分がすでにずっと信じていた物事において自分と一致しているという感情を抱く。

この人物は、このことを、マイクの前で何百万という聴取者をありありと思い浮かべるローズヴェルトの能力のもつフィードバック作用の効果だと説明した。

図5　「あなたと私」大統領の炉辺談話

彼の声は、彼が聴取者と事態をよく知っており、原稿を読み上げるのではなく、自由に話しているという感覚を与える。彼はこの効果を、何百万という聴取者を、じかに相対している個人として思い描き、個人的近さという暗示を生み出すことによって得ている。

ホワイト・ハウスでの「炉辺談話」収録におけるローズヴェルトの協力者フランシス・パーキンズも同じように述べる。「彼の表情は、まるで居間やテラスに座って、個人的に彼ら〔聴取者〕と歓談しているかのように変化した」。

ホワイト・ハウスにおけるローズヴェルトの他の協力者が回顧しているように、聴取者の側も同じイメージをもっていた。「ここでは、聴取者全員が大統領を個人的に知っているように見える。……彼らは、彼が一人一人に話しかけ」、話の典拠として自分たち聴取者を引き合いに出しているような「感覚をもつ」。「彼〔ローズヴェルト〕は、われわれ全員に個人的に向かい合っているという感覚を与える」[14]。

もちろん、ローズヴェルトの声の、調和に満ちた音楽的で、信頼感を呼び起こす響きと、大衆の魂への感情移入能力だけでは、「炉辺談話」の演劇的技巧の成功を説明できない。ヒトラーの大集会や演劇的技巧とその圧倒的な効果は、その聴衆に特有の心理的・文化的な気質によって初めて説明できる。これと同様に、ローズヴェルトのラジオでの成功も、特有の心理的・文化的な気質によって、もっと正確に言えば、彼の聴衆があらかじめ新しいメディアに慣らされていたことによって初めて説明できる。ウォーレン・サスマンは、直接的な因果関係は主張していないが、次の点に注意を喚起している。つまり、ローズヴェルトの「炉辺談話」の時点ではソープ・オペラというジャンルがすでに確立されており、期待と行動のメカニズムの確かな基準を作り上げていたという点である。当時のベストセラー『いかにして友人を獲得し、人びとに影響を与えるのか』に従えば、

> すべての人は、他者に受け入れられようと努力する。この目標を達成する最も効果的な手段は、他者に近づき、その人の言葉に耳を傾けることである。他者をそのまま認めること。つねに微笑みを！……他者に合わせること！　自分を他者に役立つものにすること！[15]

ローズヴェルトがそのトークで築き上げた共同体体験は、明らかに、ナチズムの大集会における指導者と国民《フォルク》の一体化の儀式とは別の種類のものであった。しかし、いずれも共同体体験であった。メディアは、片

やラジオ、片や大衆集会と異なっていても、話者と聴取者大衆との新奇な「電気的」結合という結果は非常に似通っていた。それゆえ、ここからはヒトラーの方法を観察しなければならない。

ヒトラーと大衆集会

初期の闘争同志であるエルンスト・ハンフシュテングルの回想から始めよう。

ヒトラーを後の時期の催し物だけからしか、つまり、マイクに向かって荒れ狂う極度に堕落した煽動政治家、独裁者としてしか知らない者は、彼が政治的にデビューした当初は、わざと強めることのない自然な声、音域が広くて朗々とした楽器のような声であったことは想像できない。彼のバリトンは、張りがあって共鳴し、さらに聞く者の皮膚の下にまで届く裏声も使うことができた。彼の声帯はまだ使い古されておらず、独特な効果をもつニュアンスをつける能力を彼に与えた。……彼のレトリックは、偉大なヴァイオリニスト――弓を完全に引ききることは稀で、こうして一つの音をまるで一つの考えの暗示のように感じさせる――の技術を想起させることもあった。(16)

実際、一九四五年以降に伝えられる、ヒトラーの演説の声はがっかりさせるものである。というのは、一般に、彼の攻撃的で、時には裏声に変わるようなスタッカート・フォルティッシモが支配的な部分だけが抜粋されて引き合いに出されるからである。しかし、それは演説全体ではなく、ほんの一部にすぎず、しかも最も深い印象を残す部分ではなかった。演説全体は、ウルリヒ・ウロンスカが再現したように、古典的修辞学の三部構成、あるいは音楽的に言えば、ベートーヴェンのパストラル［第六交響曲］に従っていた。

ヒトラーは、……静かに、一見したところ客観的な事実の語りと描写から始める。［彼は］聴衆の価値観、願望を描き出し、そのことによって、彼らの一人のように思われ、信頼を築き上げる。……演説のこの段階では、まだ強い興奮は見られない。

演説の第二段階では、誹謗と中傷が支配的となる。ヒトラーは荒々しい感情を呼び起こす。……彼は、聴衆の基本的な価値と欲求が脅かされている……のを示すことによって、個人内部に非常に強い緊張を生み出す。こうして、彼は不安、懸念、絶望を、そして、救済と救済への道を示してくれる先導者への願望を呼び起こす。

肯定的な段階が、すべての……演説の最後をなす。誹謗は明らかに弱まる。ヒトラーは、より良い未来のヴィジョンによって、常套句を用いた目標提示によって、彼がその前に聴衆を誘い込んだ緊張から救い出す。……ヒトラーは、道徳的警告の激越な調子で、より良い未来の倫理的基盤を要求し、同時に彼個人を道徳的に清廉潔白だとして提示し、自分を、意味を生み出す救出者、道徳的救済者、集まった人びとの集団的超自我へと祭り上げる。(17)

ナチスの暗示技術がいかに建設的・肯定的なものをめざしていたのかは、一九三七年の党内部の演説指針から明らかである。

賢明な戦術家は、聴衆にテーマと基本的考えを知らせるしかるべき導入部分の後、否定的なものからなる批判的な演説部分を先行させ、否定に演説時間の半分以上を割かない。

ヒトラーのレトリックにとってルドルフ・バルテルスの『煽動術教本』が、ギュスターヴ・ル・ボンの『大衆心理』(共に一九〇五年出版)と同じように重要だったというウロンスカの推測が当たっているとすれば、バルテルスの次の文章が、ヒトラーの怒りの爆発ですら成功したことの鍵だと言えるだろう。

強い道徳的感情は、通常、力強く表明される。……したがって、憤激の言葉は、それを使う者が強い道徳観をもっていることの証明となりうる。……憤激の症状と精神状態の間のこの関連は、道徳的な怒りの力強い表明を尋常ではないほど価値あるものにする。いやそれどころか、まさに大衆を納得させるための最も効果的な手段の一つにする。[18]

ヒトラーが聴衆との信頼関係を築き上げるために、古典的修辞学の手段を用いたとすれば、劇場的・音楽的・軍事的・儀式的諸要素を一つにした彼の演説の演出、つまりこの「サーカス、グランド・オペラ、カトリックの儀式の混合」(ヨアヒム・フェスト)[19]は、古典的・伝統的なものとはまったく異なっていた。しかし、それは同様に、演説者と聴衆の根本的な結びつきをほのめかすことには役立った。そうした演出は、伝統的な集会の会場装飾や効果音楽のように「枠組」や「背景」からなるのではなく、「演説と溶け合って一体のものになった」[20]のである。薄暗いホール、鳴り響く行進曲、旗や小旗が翻る中での突撃隊の入場行進と整列、これらすべてを投光器の照明の神秘的な光と闇の中に浮かび上がらせる。こうして、同様に入念に計画され、聴衆の我慢の限界にまで引き延ばされた待機時間の後に、ヒトラーが救済者のように登場してメシアとなる共同体空間が成立した[21]。

しかし、演説の最初に、聴衆に向き合うのは特別な種類のメシアだった。超人でも、光り輝くジークフリートでもなく、聴衆自身から出た人物、無名の一等兵であり、彼はすべての演説においてその度に、指導者への上昇、選出、即位を新たにやり通した。コンラート・ハイデンは一九三六年に、こう述べている。「彼は、その集会において、手の込んだ照明トリックによって半ば見えないままでいることができた。彼は、ホールに入ると、突撃隊が形作る通路を急いで通り、ほとんどの観客に、急いで通り過ぎてすぐに消えてしまうという印象を残した[22]」。彼は、控え目に、ほとんど不安げに、苦労して言葉を探すかのように、演説を始め、聴衆の一人一人に、自分は彼らの一人としてのみ声を発し、その意志を言葉にするのだとほのめかした。大衆集会の「結合的性格」（ヨアヒム・フェスト[23]）については、同時代の無数の報告が証言している。いくつかの例を挙げておこう。

> 彼は、大きなオルガンのように大衆に働きかけた。すべての音栓を用いて、大衆を笑わせ、泣かせ、あらゆる種類の感情の表出に導いた。こうして演説者と大衆の交互の高揚、大衆から演説者への逆流、そして両者の融合が生じた[24]。

> ヒトラーは、人間の心の興奮に、地震計の感度をもって気づく。……このことによって、彼は、国民全体の最も内密の願望、本能、苦悩や幻想を率直に口にすることができる。……彼の言葉は的を射ている。彼は正確に痛いところをつく。彼は、大衆が一番聞きたいと思っていることを表明することによっ

て、大衆の無意識を露出させる[25]。

最大の集会の際、聴衆一人一人は、総統が彼らに個人的に話しかけているという感覚を抱き、そこから、一人一人のこの人物への強い帰依が生じる[26]。

ヒトラー自身が、国民を「混ぜ合わせる」能力、すなわち国民を大衆に、そして同時に彼自身と融合させる能力と呼んだものを、コンラート・ハイデンは「カタルシス作用」と名づけた。彼の定義によれば、これは「自分が、一つにつなぎ合わされた唯一の意志共同体、信仰共同体、必要な場合には行動共同体の一部にすぎないという感覚が完全に浸透した状態」であり、「ヒトラーの集会では、もはや聴衆は存在せず、ただ協力者がいるだけである[27]」。さらにハイデンはこうも言う。「大衆は、この男を自分たちが押し立てた男、彼らの権力の化身だと感じる[28]」。

「大衆と（あるいは、まさに大衆一人一人と）合一化」するヒトラーとローズヴェルトの方法の共通点と相違点をさらに追究する前に、本質的な点として、二人の出発状況の相違を確認しておきたい。ヒトラーは、政治的アウトサイダーとして大衆を征服した。「儀式的」集会は、一九二〇年から三二年にかけての闘争期における大衆獲得装置であった。それは、カリスマが結晶化していく漸進的過程を始動させた。他方でローズヴェルトは、就任後初めてラジオを使用した（このことは、彼がこのメディア自体を発見した、ニューヨーク州知事の時期にも当てはまる）。ヒトラーは一九三三年以降、大衆集会を開催せず、公的な登場を、たとえば党大会のようにただ形式的な儀式に限定した。彼は、議論の余地のない全体的権力を所持して、もはや大衆を「勧誘する」必要がないだけではなかった。それは、彼の権威の害になる可能性もあったのである。彼が指導者の権威を獲得するために、大衆を勧誘し、彼らを「自分のものとし」なければならなかったように、今や、個人的な指導者の権威を、（潜在的に変化する）あらゆる大衆の気分から独立した指導者イコンへと変えることが重要であった。これを行うのは、ただプロパガンダの仕事であった。もっとも、プロパガンダが新しいメディア技術を用いて、いかに総統を大衆に「近づけた」のかという点では、ふたたび、技術的に作られた親密性というローズヴェルトが好んだ道へと収斂していった[29]。

もちろん、ローズヴェルトの状況は、とくに、権力の座についたとはいえ、政治的反対派がいなくなったわけではないという点で、ヒトラーの状況とは異なっていた。彼にとって、選挙戦以外に体制に対する「闘争期」はなかったが、就任後も闘争のない支配は始まらなかった。彼は大統領としても、闘争期のヒトラーのように、つねに「勧誘者」であり続けた。

したがって、彼によるラジオの優遇もまた、いったん獲得されたカリスマを自由な反対派との日々の公然たる競争の中で維持するという挑戦、マックス・ヴェーバーの言葉を使えば、カリスマの日常化を防ぐ、さらに言えば、それを日常的に刷新するという挑戦によって説明できる。というのは、技術的再現メディアでなければ、何が絶えざるカリスマの再生産を一番うまく保証してくれるのか。そのうえ、同時代人は、ラジオが最も効果的であるばかりか、同時に最も合理的な大衆メディアでもあると確信していた。一九世紀末以降、恐ろしくて統制がきかない自己のダイナミズムに屈するがゆえに危険だとされた生の集会大衆とは違って、一九三〇年代の社会心理学は、ラジオ聴取者の共同体を、統一的な大衆へと結びつかないためにけっして我を忘れる危険もない個人の集会とみなした。「われわれは、他人と同じように感じたり、行動しなけれ

図 6　マスメディアの演出する家族的親密性の正反対：ラジオを聴くヒトラー青年団

ばならないという感情を抱いたりはしない」。また「われわれは、それほど情緒的ではなく、より批判的であり、『大衆』ではなくむしろ個人である」。ラジオ聴取の特徴について、『ラジオの心理学』という基本的文献にはこう書かれている(30)。

少なからぬアメリカの社会学者は、合衆国の進歩したラジオ文化を、この国に自由主義的民主主義が生き残っていることの根本的理由だと説明した。

ラジオが全体主義的独裁国家においても評価されたことを考えれば、この点はそれほど説得的とは思えない。しかし、ラジオの大衆メディアへの拡大がファシズムおよびナチズムを通して初めて行われたことを想起すれば、同じメディアの使用方法の相違がすぐに説明できる。イタリアとドイツでは、権力掌握の時点ではラジオという大衆文化は存在しなかった。他方、ローズヴェルトが就任したとき、アメリカの市場にはラジオが溢れていた。一九三二年に世界中で存在した二〇〇〇万台のラジオ受信機のうち、一六〇〇〇万台がアメリカにあった。ヨーロッパの高度に発展した工業諸国でさえ、ラジオとその演劇的技巧、聴取慣習はまだ開拓・実験の段階にあったのに対して、これらはすべて合衆国では十分に築き上げられていた。

このことは、ソープ・オペラという新しいラジオ特有のジャンルを例にして明らかにすることができる。ソープ・オペラは、ラジオの親密性というローズヴェルトの演劇性とこれとの関連はすでに見た通りである。ソープ・オペラは、広告産業による主婦の発見の結果であった。ラジオ番組はそれまでは夜に集中し、家族という聴取者共同体が受信機の周りに集まって、特定の番組を聞いていた。番組は、ラジオ・ドラマか音楽演奏会として制作されており、人びとは、映画やコンサート、演劇に集中するのと同様、これに集中していた。唯一の違いは、家を離れる必要がないという便利さだけであった。ところが、シリーズ企画で放送されたソープ・オペラによって新しい聴取慣習が拡がった。ソープ・オペラはもはや聴取者にとっての事件ではなく、一日中存在する聴取背景、聴取カーペット、聴取エーテル――主婦が仕事の間、その中を動き回る――のようなものとなった。ラジオは催し物の装置であることをやめ、音響としてその場にある装置、「相手」をしてくれる装置、生活と精神の構成要素となった。一九三九年のロックフェラー財団の研究によれば、「ラジオは失業者家族にとって、重要な道徳的・心理的支柱」であった。「……その喪失は、不幸だと、最終的窮乏化の徴だと感じられた[31]」。

虚構と現実の間の境界、メルヘンと日常の間の境界は、小説や映画という伝統的な現実逃避メディアでは、読書中や上演中の間にしか越えることができないので、まだ明白に徴づけられていた。だが、この境界は、ソープ・オペラでは二重の意味で消し去られた。まず、聴取状況、つまり自分の日常とソープ世界の絡まり合いによって。そして、この境界抹消をテーマとするソープ特有の演劇論によって。というのは、伝統的な現実逃避におけるように、主人公は富豪の花嫁や娘、遺産相続人ではなく、聴取者と同じ社会的タイプの人物、一言で言えば、隣人や友人や自己の代用であり、そのような人物がスピーカーの中に登場することを、聴取者は「自分たちの理想化された分身」の「日常的訪問」として体験したからである。(32)

図 7 「すべてのドイツ人は国民ラジオで総統の話に耳を傾ける」。たいていの家庭がラジオをもつようになった後でさえ，ドイツ人は大衆集会の親密さなしですます気にはならなかった。

ナチス大衆集会の参加者とラジオのソープ・オペラ聴取者の状況ほど正反対で比較することのできないものはないように思われる。一方では、演説者の総統と同一化した大衆の、神秘的・宗教的なものへと移行するエクスタシーと「カタルシス状態」。他方では、家事労働の際にラジオを聞くという、これ以上はない平凡性。しかし、いずれも、完全な傾倒という結果は非常に似通っていた。どちらのタイプの聴取者も、願望の充足、メルヘン的現実が提供されることによって、自分が重要な存在であると感じるよう誘われたからである。三〇年代末のソープ聴取者の心理状態に関する研究では、このシリーズについて次のように言われている。

> それは、聴取者の個人的な夢や幻想を社会的に標準化された行動へと水路づける。……それは家族をきわめて重要な制度として、主婦をその不可欠の中心として提示することによって、聴取者の自尊心を強め、彼女たちが自分の人生を無意味で空虚だと感じることを妨げる。[33]

ローズヴェルトのラジオにおける演劇的技巧とヒトラー（およびムッソリーニ[34]）の大衆集会演出を対比すれば、後者の文化的・技術的遅れを認識することができる。後者では、政治的カリスマを暗示し、維持するためにはまだ「生の」集会大衆が必要であったが、進歩したアメリカ大衆社会では、心理的ダイナミズムはすでに別の法則に従っていたのではないだろうか。ナチズムとファシズムにおいては、両レジームとも、ラジオ技術という点では近代化され満たされた後にも、大衆集会が存続したことを見れば、この推測は証明できる。ヒトラーとムッソリーニは、原則的にはラジオ・スタジオからはけっして話さなかった。ヒトラーの場合、このことは、彼が生の大衆がいなければ効果的に話せなかったということで説明できる。[35] しかし、これは一面にすぎない。別の側面は、ヒトラーの「無能力」は、スタジオからの話しかけには魅了されないという大衆の無能力に対応していたのではないか、という問題にある。指導者大衆集会がラジオの時代にあっても意味を失わずに存続したということ、さらに言えば、それが今や可能となったラジオ中継によって新たな意味を獲得したということは、大衆集会のヨーロッパにおける強靱な生命力を証明している。すでにすべての家族が家庭用のラジオをもっている時代にあっても、公の場に設置されたスピーカーを通して中継したナチスの実践は、彼らがいかにしぶとく大衆集会に固執したのかを示している。彼らは明らかに、国民受信機から総統の声を聞く個々人や小グループは、大通りや広場に設置されたスピーカーの周りに集まる群衆よりも近づきにくいと、ましてや魅了されにくいと考えていた。[36] これは、アメリカでの「指導者の」家庭への入り込みや親密化の道とは正反対であった。

一九四五年以降にはヨーロッパでもこの道がとられたことは、三〇年代におけるマスメディアや大衆心理学の遅れた状況を証明している。それ以降、大衆が集まり、「カタルシス状態」になる唯一の機会は、スポーツ・イベントになっている。政治的カリスマはただ撮影スタジオでのみ成立する。

第3章　プロパガンダ

独裁が民主主義を打ち倒した最も破壊的な一撃は、独裁がわれわれに示した賛辞であった。独裁は、われわれの最も重要な説得方策と、その基礎にある大衆の軽信性に対するわれわれの蔑視を引き継ぐ（そして、完全なものとする）ことによって、それを表明したのである。

――マックス・ラーナー（一九三四年）[1]

カリスマ的指導者が、議会や新聞、諸団体といった社会的・政治的中間組織を回避して直接大衆を捉えたとすれば、彼によって統制されたプロパガンダも同様であった。それは、レジームの意志の伝導ベルトである。自由主義国家では露骨な国家プロパガンダは稀である。なぜなら、憲法によって、経済の操作と同じように、世論操作が禁じられているからである。非常事態においてのみ、立法権は、行政権に両者、すなわち世論操作と経済操作の権限を与えてもよいとされる。

これは、第一次世界大戦中に国際的に広い範囲で初めて起こったが、以前の通常状態と比べれば、すべての参戦国の中でも合衆国が最も徹底していた。戦後一定の驚きをもって認知され、後から非アメリカ的だと批判されたこの行き過ぎた対応は、合衆国におけるプロパガンダ概念にその後も道徳的な負荷を与えた。ヨーロッパにおける大戦間期の全体主義レジームがこの嫌悪をさらに強めた。それらの国では、プロパガンダは必要悪ではなく、国民的意志を表明する正当な手段と見なされ、行使されたからである。もっとも、結局のところ、すべての体制は、自分たちのプロパガンダは「教育」や「情報」であり、敵のものは「プロパガンダ」だという点で一致していた。それに権限をもつ省を「国民啓蒙・宣伝［プロパガンダ］」省と名づけたナチズムだけが、いずれも彼らにとっては同じものだということを率直に認めていた。

大戦間期アメリカの指導的プロパガンダ理論家で、世界大戦における世論の画一化に関する古典となった研究の著者ハロルド・D・ラスウェルは、プロパガンダと教育に関する、同時代アメリカの理解を次のように定義している。「自分たちの世界像にそぐわないことはプロパガンダで、それに合致するものが教育である。したがって、共産主義はシカゴではプロパガンダであり、モスクワでは教育である(2)」。

プロパガンダ（非合理的、危険）と教育ないしは情報（合理的、建設的）との対置に、一九三〇年代アメリカのラジオ理論における、危険な大衆（群衆）と合理的公衆（聴衆、公衆）という対立を見いだすことは困難ではない。この理論は、ラジオは、非合理的なものにはその本性上無縁な、理性と客観的情報の公衆メディアだという心休まる結論に達したが、そこからさらに、民主主義における社会全体の意志は、独裁とは違って、プロパガンダを利用せずに、ただ情報と教育によって形成されると議論を進めることができた。

プロパガンダと呼ばれようが、情報や教育と呼ばれようが、ナチズムとニューディールの世論操作は、上から一定の見解を大衆にもたらすメガフォン・システムだと理解されたのではなく、その逆だという点で一致していた。そして、教育や影響力行使の前に、まずは大衆が考えたり望んだりしていることを突き止めることが重要であった。ゲッベルスはこう言う。

政府は、学問的正確さをもって、国民の気分をその微妙なニュアンスまで探究しなければならない。その際、誤った動向が確認されれば、これを修正すべく介入しなければならない。国民の意見が正当だとなれば、政府はそれに合わせなければならない。(3)

第三帝国において世論を収集しそれを分析・評価するのは、宣伝省の三二の支部、党の地方組織、親衛隊保安部やゲシュタポであった。

ニューディールの場合、民主党の地方組織（民主党国民委員会）や国レベルでは、一九三三年に設立された国家緊急委員会（個々の州におけるその支部）(4)、および各省庁やホワイト・ハウス自身によって行われる世情報告の収集がこれに対応していた。ホワイト・ハウスではとくに大統領への手紙が分析された。ローズヴェルトは、炉辺談話の際、彼に手紙を書くよう、聴取者にはっきりと要請し、この国民の声を次回の放送時に政府の一定の措置の証拠として持ち出そうとしたので、世論収集と世論への影響力行使との完結した人民投票的循環だと言うことができる。(5)これがいかに受け入れられたかは、ローズヴェルトのときには、フーヴァー時代と比べて一〇倍にもなった手紙の量が示している。

数字的正確さを求めなければ、次のように言うことができる。一九三三年以降、これらのデータを利用して活発な政府プロパガンダを行った、ワシントンとベルリンの政府機関は、ほぼ同じ割合で増えていった。言い換えれば、両レジームの広報活動は、それまでの慣例と比べて、完全に新しい量と質を獲得したのである。ニューディール・ナチズム比較史の先駆者ギャラティは、ローズヴェルト政権下のプロパガンダを「民主主義国の中では比類のないもの」と呼んでいる。[6]

新しい行政府は、専門的知識をもった必要な人員を、ワシントンの新聞業界からまったくあからさまに容赦なく引き抜いたので、アメリカ新聞発行者連盟の法律顧問が、今や「ますます多くのジャーナリストが新聞や通信社よりも、政府のために働いている」[7]と言うほどであった。

組織的に見れば、ワシントンとベルリンの主な相違は、後者では（ゲッベルスの省に）中央集権化されている一方、前者では種々の省庁や機関に分かれているという点にあった。それまで、スポークスマン一人、秘書一人、そしておそらくもう一人の助手がいる程度の通信部しかなかった省庁に、今や包括的な新聞部や広報活動部局が設置された。たとえば、農務省では七三人、連邦住宅局では二三人、社会保障局では二一人の通信員が働いていた。[8]彼らは国中を政策やプロジェクトについて書いた冊子で溢れさせた。新聞社へのいわゆる「配付資料」は、好意的なコメンテーターでさえ書いているように、「ワシントンの通信員によって書かれたほとんどの記事の基礎に[9]」なった。

もちろん、相変わらず政治的には自由なアメリカの新聞と画一化されたドイツの新聞との間の相違は、後者では政府の指示や願望が拘束的だったのに対して、前者では罰則なしに無視することが許され、一九三四年以降に増え続けていくローズヴェルトに批判的な新聞ではしばしば実際に無視されたということであった。とはいえ、自由な新聞と不自由な新聞という単純な対比はもはや完全に事実とは言えない。「第三帝国」における新聞操作に関わる近年の研究が、「レジームの実践は、ナチズムの自己像が描き出そうとしたほど、そして今日でも多くの歴史家が考えているほど全体主義的ではなかった[10]」という理解に達しているからである。いったん大規模な粛清、画一化、規律化が行われ、当事者によって――粛清の対象とならなかった限りで――新たな現実として承認された後、最も効果的で同時に最も不可視な形態の世論操作を実行するには、不文律に従わない場合に生じる結果について知らせることで十分であった。つまり、生じたのは自発的検閲である。ちなみに、全体主義のプロパガンダは、自由主義における完全な意見の自由という虚構（＝プロパガンダ）を笑いものにする機会を逃さなかった。

言論の自由という基本権は侵害されないままであり、新聞社の大多数は共和党員、つまりは一般にニューディールの敵対者だったので、長い間一般的であったローズヴェルト聖人伝のあまりにも極端な裏返しの中で時おり主張されるように[11]、ニューディールにおいて本格的な新聞の操作があったということは言えないが、ラジオに関しては事情が異なっている。というのは、このメディアは、同時代の一致した見方によれば、大衆への影響力の点で印刷された言葉よりもはるかに優れており、その商業的な組織にもかかわらず、完全に民間の手にあるわけではなかったからである。国家は、最初から電波に対する権限を行使する上位の機関――期限つきの放送認可という形で民間企業に利用権を譲渡する――として関与していた。民間企業は、たしかにラジオ法（一九二七年）によって、「公共の利害、利便性、必要性」を考慮に入れるよう要請された。だが、二〇年代の脱政治化された大衆社会では、これによってけっして利害の衝突は生じなかった。

認可は三年ごとに与えられた。それから、検査が行われ、当局の規則を明らかに遵守していない場合は、認可の取り消しが行われることになっていた。

だが、その社会的順応性において優るもののない番組（ソープ・オペラ）のことを考えれば、これはけっして実行されない規定であり続けた。

それに対して、一九三四年になると、認可期限を六カ月に短縮する、ラジオ法の改定が行われた。同時に、ローズヴェルトは明らかな党員を認可局の局長に任命し、認可局はその後すぐに、「公共のことがらに関する」番組のテキストを検査のために提出するよう、すべてのラジオ局に正式に要請した。最終的に、認可官庁のメンバーは、政府に批判的な放送を行えば、認可の更新を行わない可能性もあることをほとんど隠すことなくわからせた[12]。したがって、一九三五年に、アメリカのラジオ法に関するドイツの博士論文が、「国家による統制が、今日アメリカでは生々しい現実である[13]」と述べたのは、まったく根拠がないわけではなかった。

しかし実際の問題は、国家による統制あるいは検閲というよりは、放送局、とくに三大ネットワークの前もっての自発的な迎合的行動であった。商業広告のスポンサーと同様、ラジオ産業は、政府の願望を、しばしばそれが発せられるよりも前に唇から読み取ったのである[14]。

シンボルの力

私はマルクス主義から多くのことを学んだ。……政治闘争のこれらの新しい手段は、基本的にマルクス主義に遡る。私はただ、これらの手段を引き継ぎ、発展させるだけでよく、基本的に必要なものは手にしていた。私はただ、社会民主党の場合には、革命を民主主義の枠内で実現しようとしたために、一〇回にもわたって失敗したことを、首尾一貫して続行させるだけでよかった。国民社会主義は、もしマルクス主義が、民主的秩序との馬鹿げた人為的な結びつきから離れていれば、なりえたものである。

ヘルマン・ラウシュニングによって言い替えられてはいるが、ナチスによる大衆暗示の方法の起源について、ヒトラーは以上のように述べている。[15]

そして、社会主義から引き継がれた、シンボル・カラーとしての赤――その効果はかつて、ベルリンの共産党大衆集会で彼に強い印象を与えていた――について次のように言う。「赤い旗、赤い腕章、赤い花の海は、この集会に……すでに外観からだけでも強力な印象を与えた。私は、庶民出身の人間が、このように圧倒的な作用を及ぼす見せ物の暗示的な魔力にいかに容易に屈するのかを自分で感じ、理解することができた[16]」。

カトリック教会の儀式とシンボル、軍隊の編成と装飾、近代的な――何よりもまずアメリカ的な――広告の暗示方法は、ナチズムが吸収した他の源泉であった。ナチズムは、あらゆるものから採用するということの態度において歴史的斬新性からはほど遠く、ただこれらの先行者すべてが行ったことを続行しただけであった。キリスト教による、異教的儀式や祭り、シンボルの横領、世俗的革命による、キリスト教の礼拝の横領、そして広告による、あらゆる歴史的先例の横領は、シンボルとは永遠に食ったり食われたりするものであることを示している。そして、シンボルは、それが象徴する現実の権力の交代に忠実に付き従い、これを描き出す。

政治的プロパガンダにおけるシンボルは、一九三〇年代にはプロパガンダの最も重要な通貨だと定義され、その機能は「人間の思考と行動を最も直接的につかむ」ことだとされた。

プロパガンダは、ハロルド・ラスウェルの言葉では、「暴力、買収、ボイコットに代わって、シンボル（言葉、絵画、音楽）によって大衆の行為を操作すること」であった。

しかし、プロパガンダが暴力の代用であったとすれば、――ふたたびハロルド・ラスウェルの言葉を借りれば――逆の推論も当てはまった。「暴力行為は、その効果が物理的に行使された暴力をはるかに上回れば、すなわち、行使された暴力に釣り合わないものであれば、『行為によるプロパガンダ』である」[17]。このことは、革命的なテロにも、制度化された国家のテロにも同じように当てはまる。

ニューディールとナチズムにおいてどのようなシンボルが生み出され、どのように投入されたのかを見る前に、導入として、ワイマル共和国末期の一つのエピソードを見ておきたい。それは、「シンボル闘争」あるいは「シンボル戦争」として、政治的プロパガンダのそれほど有名ではない年鑑にも掲載されているものである[18]。

それは、一九三〇年九月にナチ党を国会での最強の政党にした〔正確には第二党であった〕議会の地滑り的現象によって引き起こされた。この選挙結果は、民主的・自由主義的中道派にとって驚愕と覚醒の合図であった。というのは、それは、ナチズムがすでに街頭を征服した方法が今や政治と国家の制度をも脅かしていることを示していたからである。教訓の苦々しさは二重のものであった。第一に、彼ら自身が煽動的・劇場的・擬似革命的・擬似宗教的だと拒否した方法が明らかに大衆によって「受け入れられ」、他方で、彼ら自身の合理的・啓蒙的なやり方は、大方の無関心に出会い、さらに悪いことに無関心を引き起こしたという認識であった。第二に、そしてこれはとくに社会民主党陣営でのことであるが、ナチズムが今や非常に効果的に利用した方法は、一九世紀に社会主義自身によって生み出され、ナチスはただこれを盗んだだけであるという洞察である。

民主主義的諸政党の指導部とその機構が、この新たな現実に驚いて愕然とし、それを理解できないままにとどまり、これまで以上に理性と啓蒙、政治的教育に賭けることに救いを求めただけなのに対して、社会民主党内部には、反対の推論を引き出した少数の若い活動家たちがいた。大衆を支配する情緒、幻想、不安、現実の困窮をその後も合理的な論拠で説明する代わりに、あるいは、ユリウス・レーバーが皮肉を込めて言ったように、それらを「論駁する」代わりに、これらの人びとは、ナチズム自身の手段でナチズムと戦うという戦略的な方向転換を推奨した。彼らはその運動を鉄戦線と名づけた。

しかし、この新しい戦略は、彼らの発見ではなく、ロシア人亡命者の発見であった。

セルゲイ・チャコティンは、生物学・動物学という回り道をして、プロパガンダにたどり着いた人物である。第一次世界大戦前、彼はパヴロフの弟子で協力者であったが、一九一七年の二月革命と十月革命で政治に目覚め、条件反射の理論が大衆暗示に適用できることを発見し、その認識を内戦では反革命に役立てた。今や彼は、予告されたナチ革命に直面して、今度は自分の受け入れ国を独裁から守るよう呼びかけられていると考えた。彼が吸収したのは三つの源泉からであった。社会民主党自身の歴史的業績、彼が十月革命の中で個人的に得た経験、そしてナチスのプロパガンダという模範である。「貧弱で」「教条的で」「退屈な」（チャコティン）伝統的アジテーションが残した「情緒的空白状態」（クルト・ヒラー）と「感情の空洞」（アナ・ゼーガース）(19)に代わって、今やまさに情緒的カードに賭けるべきであった。静的な集会ではなく、ダイナミックな行進。説明ではなく、正当化や弁解や議論でもなく、闘争的身振りと攻撃。苦難と困窮の表明ではなく、力と意志、決断力の表明。チャコティンはまるでヒトラーの『わが闘争』におけるプロパガンダに関する部分を研究したかのように、社会民主党の同志たちにこう要請した。アジテーションをいくつかの簡明的確な主題、スローガン、シンボルに限定すること、そして、これらを集団的無意識の中に入り込むまで繰り返す、いや、たたき込むことである。

図 8　鉄戦線のためのチャコティンのシンボルは，社会民主主義者に親ヒトラー工業家たちをたたきのめせと訴える

彼の最も重要な実際的貢献は、鉄戦線の目印となるシンボルであった。ロシア構成主義とハーケンクロイツから同じように着想を得て、白地と赤い下地の上に右から左下を指す三本の矢、おそらくこう言った方がよいかもしれないが、獲物に襲いかかる強力な矢（黒もしくは白）であった。そして、それは当然意味をもっていた。ハーケンクロイツはもはや攻撃者ではなく、攻撃を受ける者であった。一九三二年のいくつかの地方選挙戦で試されたことで、チャコティンの構想には、政敵から大衆の一部をふたたび離反させる潜勢力があることが証明された。それにもかかわらず、社会民主党指導部は全国レベルでの採用に突き進むことができなかった。彼らは、魔法使いの弟子の効果、すなわち情緒化された大衆が統制のきかない状態に陥る可能性を恐れて、一九一八年一一月の革命の時と同様に、いつもの路線を進み続け、結局は、成功したナチスに破壊されてしまったのである。

鉄戦線のエピソードは、プロパガンダ・シンボルの借用・転用可能性の問題に、ナチスによる社会主義シンボルの横領——これに先行して非常に成功した——とはまったく別の答えを提供する。というのは、社会民主党指導部がチャコティンの構想を自分たちのものとしていたとしても、これによってワイマル共和国の最終決戦の結果が違っていたかどうかはきわめて疑わしいからである。シンボルやプロパガンダの操作だけでは、実質的に受動的で展望のない政治は活性化させられない。ナチ党のような攻撃的で情け容赦のない、しかし同時にダイナミックで革新的な政党が敵のシンボルを利用すれば別である。だが、狼が羊の皮をかぶることがありえないように、反対の場合もありえない。現実の権力をもたないプロパガンダは、張り子の虎にすぎない。もっともそれは、どのみち権力への上昇気流に乗っているものには役立つ。プロパガンダが力を発揮するのは、古いレジームから権力が滑り落ちる危機や革命の時である。正しいスローガンは、誰のものかわからず、まだ決定・定義されていない大衆意志として出回るときに、大衆を獲得することができる。ハロルド・ラスウェルがプロパガンダを代替暴力と定義したときには、この瞬間を念頭においていたのかもしれない。

それでは、ニューディールがその最大のプロパガンダ・キャンペーンでどのようにシンボルと暴力を組み合わせたのかを次に見ていこう。

青い鷲

全国復興局のプログラムの実行を援護する措置、青鷲キャンペーンは一九三三年七月に始まった。それは、新しい大統領として決定的な最初の一〇〇日間が過ぎた後、言い換えれば、ホワイト・ハウスの新しいスタイルに対する最初の大衆的熱狂が過ぎ、過去三年間の受動的で沈鬱な雰囲気が新たに拡がり始めた後であった。

このキャンペーンはまた、この時点で中心的だった改革部門、つまり国家による工業生産の新たな規制の分野で、効果的に上演された一〇〇日間の序曲の後は改革がほとんど進んでいなかったという意味では、前方への逃走でもあった。重要な団体の一つ（木綿工業）しか、政府が危機をコントロールするために出した提案を受け入れていなかった。自発的な賃金・価格統制、生産制限、児童労働の禁止、自由な労働組合の許可といった、全国復興局が作成した規約《コード》はその後も引き出しにしまい込まれたままか、あるいは団体の机をたらい回しにされていた。

ローズヴェルトが最初の数週間に議会で成功したこと、すなわち、彼の全権委任立法のほぼ抵抗なしの実現は、今や経済諸団体に関しては、完全に失敗しそうに思えた。それゆえ、議会を従わせたのと同じ手段、つまり、工業諸団体のトップを越えて直接、それぞれの企業家に世論の圧力をかけることを思いつくのは自然の流れであった。

ローズヴェルトが行ったのは、人民投票的・戦略的な挟み撃ちであった。ドラッグストアのオーナーからヘンリー・フォードにいたるまですべての経営者は、郵便で文書（「大統領の再雇用協定」）を受け取り、そこで、大統領が署名して提案した規約《コード》に従う義務を大統領個人に負う署名を求められた。ローズヴェルトは同時に、炉辺談話で国民に向かって、市民一人一人による彼の行動への支持を求めた。彼は就任演説の戦争アナロジーをふたたび取り上げ、この企てを「失業に対する夏季攻勢」と名づけて認識標の必要性を訴えた。「戦争では、夜間攻撃の闇の中、兵士たちは、自分の仲間を撃たないように肩に明るい記章をつける。これと同じ原理に従って、このプログラムに協力する者は互いに一目で見分けられねばならない。そこで、われわれはこの目的のために、『われわれは自分の役目を果たす』というスローガンが書かれた記念バッジを作った。私に与する全員に、このバッジを見えるところにつけるようお願いする[20]」。

バッジには、白地に、稲妻の束をつかんだ青い鷲と朱文字で全国復興局（ＮＲＡ）および「自分の役目を果たす」と書かれていた。このバッジを上衣の襟やブラウスにつける者は、大統領の政策を個人的に支持していることを示すことになった。これを張り紙として店のドアやショーウィンドウ、工場の入り口に貼れば、その経営体が全国復興局の規約《コード》を受け入れており、その実行に尽力していることを世間に知らせることになった。逆に、青鷲がなければ、その人物あるいは経営体は、大統領を支持していないこと、不況と戦う軍勢の一部とは自認していないこと、最終的には――このキャンペーンの中心組織者の言葉を用いれば（「われわれに賛成しない者はわれわれに敵対する」[21]）――敵に分類されることを知らせることになったのである。

ローズヴェルトがニューディール開始後はっきりと支持していた戦争アナロジーは、青鷲キャンペーンの

図 9　全国復興局の垂れ幕に歓声をあげるニューヨークの郵便局員たち

中でもう一度さらに強化された。一九一七―一八年の動員キャンペーンとの関連づけが、その間に過ぎ去った一五年間にもほとんど忘れられなかった付随現象とともに、しばしばあからさまに行われた。その付随現象とは、戦争経済ばかりか新聞の国家による統制と操作、戦争反対者全員の犯罪者扱いと刑法による迫害、クリール委員会のプロパガンダによる世論の歪曲であり、一言で言えば、アメリカ社会の、一部抑圧的・一部自発的な画一化であった。青鷲キャンペーンのために、その他のニューディールのためよりもはるかに大規模な形で、一九一七―一八年世代がふたたび活発な活動を展開した。世界大戦中に、アメリカ工業の、国家が統制する戦時生産への転換を組織した銀行家バーナード・バルークの提案で、ローズヴェルトは彼の当時の協力者ヒュー・ジョンソン将軍を全国復興局局長に任命した。ジョンソンの方は、青鷲キャンペーンのために、一九一七年にリバティ・ボンド・キャンペーンを組織した二人の人物を任命した。

新たに結集した古い戦士の集まりには含まれていなかったわずかな者の一人が、クリールであった。彼の名前は、一九一七―一八年の行き過ぎとあまりにも強く同一視されすぎていた(もっとも、彼は背後にいる助言者としてふたたび一枚かんでいたが)。

「平時における国民の敵への最も強力な攻撃」――ヒュー・ジョンソン将軍は青鷲キャンペーンをこう呼んだ(22)――は、一九三三年七月二四日から九月一三日まで続いた。こうした期間の限定は、社会的注目の低下、かげり、枯渇現象を防ぐためであった。この企画は、ローズヴェルトの炉辺談話での呼びかけによって始まり、ニューヨーク五番街のパレードによる終了式典(計一九時間、二五万人の参加者)で終わったが、最後が近づけば近づくほど、より劇的な強調がなされるという方法をとっていた。一九一七―一八年と同様、戦略は「バンドワゴン」効果あるいは「参加」効果の惹起であった。すなわち、いったん大衆プロパガンダによる細工によって生み出されると、一定の時点から自分自身で養分をとり成長していく集団心理的ダイナミズムを引き起こすのである。このキャンペーンに関する博士論文の著者が明らかにしたように、その際「説得と圧力」が互いに手を携えて影響を及ぼし合った。組織は、一九一七―一八年のモデル（リバティ・ボンド・キャンペーン）に従って、集権的であると同時に分権的であった。ワシントンにあるジョンソンの本部は、人口一万人以上のすべての都市における「商業会議所」に対して、その会員に規約《コード》に署名させるよう促し、同時にキャンペーンの地方組織の責任を引き受けるよう要請した。この要請を強調するために、同時に中央のプロパガンダ機構が始動し、大戦期動員キャンペーンのいわゆる「四分間煽動者《フォーミニットマン》」がふたたび活動を開始した。すなわち、広場や映画館、劇場、教会などで、標準化された煽動的な短時間スピーチを行う何十万という演説者たちである。(23)

「大統領の再雇用協定」に署名した者は、青鷲を手に入れ、それを事業所のよく見えるところに貼り付けた。彼の名前ないしは企業名は、権限のある郵便局の窓口ホールに掲示される「努力賞」リストで世間に告知された。

このような状況では、誰が拒否できただろうか。

ジョンソン将軍は、自由主義的民主主義者の模範的人物とはいえず、権威主義的な短気者であった。しかし、青鷲の敵は鼻面を殴られて当然だとか、自分の任務は非常に重要なので「必ずしも几帳面に法律を守る必要はない」といった言葉が漏れ聞こえてくるとしても、また彼がファシズムのコーポラティズムを考慮に値するシステムだと考えていたとしても、(24)二人の実際の権力者ローズヴェルトとバルークのこのフォルスタッフ［ほら吹きの騎士］には、憲法によって引かれたロープ――この場合は、個人の自由権――を、たとえ望んだとしても、本気で踏み越える可能性はなかっただろう。

というのは、プロパガンダと現実的抑圧の混合を伴う大戦期キャンペーンとは違って、青鷲キャンペーンはプロパガンダ、「説得活動」、「教育」への自己限定を几帳面に尊重していたからである。順応圧力の主要な受け手であり、同時にその装置でもあるのは、「公衆」だけであった。もちろん、「公衆の敵」だという宣告を甘受する者だけが、その圧力を免れることができた。バーナード・バルークはこう言う。

実行の最良の方法は世論である。すべての人が、国内の敵に対する闘争なのだと、協力しない者は敵と見なされるのだと気づけば、協力の拒否はほとんど起こらないだろう[25]。

ジョンソンはこのことをより短い言葉で言い表している。青鷲キャンペーンの任務は、「この法律の実行を国民の手に委ねることである[26]」と。

しかし、それにもかかわらず、企業家が参加を拒絶すればどうなったのか。

ジョンソンの答えはこうである。

われわれには、何千という告発がある。われわれはすべてのケースを個別に調べ、関係者に義務を説明する。それでもその者が相変わらず拒否すれば、われわれは公衆の方を向く。世論は最も効果的な力である。

これでも効果がない場合は、経済的制裁、はっきり言えば、その企業のボイコットを伴う脅しが行われた。ローズヴェルトはすでに、従わない場合には、ただちに政府の発注を取り消したり、それを与えなかったりすると告示していた。とはいえ、政府が発注を取り消したのかどうかと、それで脅したり、公衆によるボイコットを呼びかけたりしたかどうかとは別の問題である。後者は、ジョンソンによっても、憲法にそぐわないと認められていた。というのは、彼が事実上のボイコットを呼びかけた同じ演説で、次のように保証しているからである。「もちろん、人びとが行うのはボイコットではなく」、「公衆はただ、計画に添わないことに我慢できない(27)」のだと。

大統領との協力の完全な自発性——しかし、公衆がまとまってその背後にいるので、例外を許すことはできない——という議論は、キャンペーンのすべてのレトリックを貫いていた。歴史家がまとめているように、「自発的協力という仮定から出発するが、しかし自発的に協力しない者は強制される場合もある(28)」ということであった。

同時代の評論家たちは、ニューディールの確信的支持者かそのプロパガンダ装置の一部ではない限り(29)、この注目すべき混合状態を強調した。ニューディールに敵対的な共和党系の『ニューヨーク・ヘラルド・トリビューン』紙が最もけたたましい声をあげた。それはキャンペーンが始まるとすぐに、ここでは「ほとんどリンチと変わらない最高度の圧力が行使されている(30)」と警告した。『ノース・アメリカン・レヴュー』のウィリアム・E・バーチトルドはいくぶん穏健であった。「パトリオティズムへのアピールは、公式の検閲が可能にするよりももっと新聞を従順にする(31)」。

そして最後に、ボリシェヴィズム、ファシズム、ナチズム、ニューディールの「諸革命」に関する比較研究における判断を挙げよう。「世論を動員しての画一化は、ボリシェヴィズムとナチズムのプロパガンダ・キャンペーンを想起させる(32)」。

イギリス人観察者には、同調圧力、不寛容、ユーモアの欠如が目立った。『エコノミスト』紙は、「〔青鷲の〕紋章学的質についての批判のような無害な批判でさえも許されない」支配的雰囲気を、「不思議なことに大戦中のホワイトホール〔イギリスの首相官邸〕を想起させる」(33)と言っている。そして、ニューヨークにおける終了パレードについて、「ドイツにおけるハーケンクロイツ以上の数の青鷲」(34)と。

フランスの論評では、キャンペーンの意味は経済的なものよりは、とくに心理的なものにあるという点で一致していた。

ロベール・ド・サン＝ジャンは、それを「最高に絵画的な演出」、「スーパー・レビュー」と呼んだ。「装飾は、自分の職人芸を理解し、ワンシーンが、どれほど美しくても、一分以上続いてはならないことを知っている演出家によって全体が指導されているかのように、つねに変化する」(35)。

そして、「青い鷲は、一年以上にわたって国民の道徳を強化してきた。実際の成果が期待されたものよりわずかだったとしても」(36)。

大統領は、古くから大衆が求める二つのもの、パンとサーカスのうち、必ずしも前者を与えることはできない。しかし、彼の選挙民は時には不十分なパンしかなくても、その代わり、たっぷりとサーカスを楽しむだろう。彼らに提供され、深く感銘を与える壮麗な大パレードは明らかに、欠けているものを補っている(37)。

ルイ・ローゼンシュトック＝フランクは、青鷲キャンペーンの演出スタイルがニューディール全体の本来の内容だと言う。「それ〔ニューディール〕は、基本的に運動と行動主義の現象であり、国民を一体化させるものである。その価値は積極的に行うことにあるというよりも、その単なる存在、現前にある[38]」。バーナード・フェイは最終的に次のように考えた。「手段の選択における用心深さとその行使の演劇性」というローズヴェルト特有の方法が、青鷲キャンペーンの場合、誰も免れることができない「権力の印象的な示威」（「暴力性の印象」）へと濃密化された[39]、と。

ニューディールが行ったことを非常に注目して追っていたドイツの報告は、奇妙なことに、青鷲キャンペーンに関しては単なる報告を超えるコメントをすべて控えた。

「服従のシンボリズム」

この表現は、フリッツ・モルシュタイン・マルクスが、ナチ・レジームに対して示された住民の忠誠表明を表すために作ったものである。マルクスは、一九三三年までハンブルクの高級行政官であり、三四年以降、ハーヴァード大学の行政法教授であった。彼はその例として、ドイツ式挨拶、窓やバルコニーでのハーケンクロイツ旗の掲揚、冬季救済事業への献金を挙げている[40]。レジームへの支持を公に示すこれらの行為のいずれにも、正式には義務も強制すらもなかった。もちろん、実際には事情は異なっていた。欠席などによって注意を引いた者は、一番ましな場合でも街区長の批判的注意を受け、一般にはもっと厳しい制裁を受けた。

一九三三年に合衆国で青鷲への支持を公的に表明しない者には、政府が示唆したような社会的追放や経済的ボイコットの危険があり、このボイコットは公的に表明されず、暗黙のうちに推奨され従われたので、同様に深刻なものであった。一九三三年秋にドイツでハーケンクロイツ旗を掲揚せず、腕を掲げて挨拶せず、冬季救済事業への寄付者であることを示すバッジを上着の襟につけていない者は、もっと厳しい結果を覚悟しなければならなかった。それにもかかわらず、上から示唆された大勢順応という方法における類似性には誤認の余地はない。冬季救済事業をもう少し詳しく見れば、そのことがわかる。

アウトバーンやナチスの威信をかけた他のプロジェクトと同様に、共和国期の先駆者に遡れるこのキャンペーンは、一九三三年秋に、すなわち、ユダヤ人経営に対するボイコットの呼びかけ――これ自身も似ていなくはない順応の方法を利用した――からちょうど半年後に開始された[41]。

冬季救済事業は、国民的・社会的連帯、すなわち、ナチ民族共同体の行動の社会主義を示すものであった。街頭や家の戸口、企業での募金、党や政界、財界、文化人の中の著名人の募金への参加、最後に、月に一度国をあげての日曜の一鍋料理という形で象徴的に打ち破られた階級の壁――これらが冬季救済事業の基本的なシンボル的行動であった。ここでは社会的連帯とプロパガンダが一つの同じものとして理解され、実行されたが、このことは、ヨーゼフ・ゲッベルスによる二つの制度の指導引き継ぎに示されている。プロパガンダの長は同時に福祉の長でもあった。「パンと象徴的連帯は、政治においてはパンだけよりも効果的である[42]」というハロルド・ラスウェルの言葉の実践である。

青鷲と冬季救済事業の類似性は、着用者をキャンペーンへの参加者として徴づけるバッジにまで及んでいる。しかし、アメリカ人が青鷲を見せる際に受けた道徳的・経済的圧力が、ドイツ人が冬季救済事業への募金を行う際の政治的圧力と似ているように見えたとしても、もちろん、自発性の見せかけは「第三帝国」では、ローズヴェルトのアメリカにおけるよりもはるかに薄く、つねに行使の用意ができている暴力ははるかに強力だった。このことはたとえば、繰り返し強調される自発性が税金に似た寄付徴収の方法を伴っていたことに示されている。所得税の二〇%の「寄付額」が、勤労者がそれにきっぱりと反対しない限り、財務局によって留保された。その代わり、寄付者は毎月の玄関ステッカーを受け取り、これを貼っていれば家毎の募金を免れた。賃金からの徴収を拒否する者は、無期限解雇を予期しなければならなかった。そうなれば、たしかに裁判に訴える道は開かれており、裁判所は、この道をあえて選んだ者に対して自発性の原則を確認したが、それにもかかわらず、民族共同体に対する敵対的行動と、「総統がドイツ人の精神を信頼して彼〔原告〕に許した自由の非難すべき利用」の廉で有罪判決を下した（一九三七年の判決理由[43]）。

直接的暴力行使におけるニューディールとナチズムの関係は比べものにならないとしても、両者の政治的レトリックと背後に潜む心理学は非常に似ている。いずれもとりわけ「強制された自発性という広範囲に及ぶ曖昧な未知の領域」——これは、冬季救済事業の義務的自発性を問題にした言葉——で行動した[44]。

ところで、われわれは、大衆暗示的プロパガンダの二つの形態あるいは段階を区別することができる。覚醒プロパガンダは、その成功の瞬間に示されるように、潜在的に存在する同意、あるいは熱狂の潜勢力を動員する。それは指導者カリスマのメディアによる拡張であり、複製された声である。このプロパガンダは指導者のカリスマと同様、その効果の期間は限定的である。したがって、大衆の同意をその自然の衰退期間を超えて維持・保存し、新たなものにすることが、維持プロパガンダの任務となり、これがレジームによるあらゆるプロパガンダの本来の使役馬である。覚醒プロパガンダと維持プロパガンダは理念型であって、実践上はすっきりとは分けられず、つねに相互に結びつき、混合された形で登場する。ローズヴェルトの炉辺談話は両者——覚醒と維持——を一つにしたものであり、青鷲キャンペーンと冬季救済事業キャンペーンは、その性質からいって、維持プロパガンダであるが、覚醒プロパガンダ的な裏地もつけている。現実に存在した社会主義の老齢・死滅段階が示すように、維持プロパガンダは、最低限の覚醒プロパガンダ（＝カリスマ的・リビドー的力）をもたない限り、死にいたるルーティンへと萎縮してしまう。

一九三三年夏と秋における、権力についたばかりのナチズムとニューディールのプロパガンダ・キャンペーンでは、覚醒的・カリスマ的暗示と、安定・ルーティン化・日常化をもたらす暗示とのこのような交錯をほぼ模範的な形で読み取ることができる。ナチ・レジームとニューディールの最初の数カ月における行動主義の雰囲気を同時代の観察者たちは同じように描き出しているが、この雰囲気は「活力と熱意」（ジョン・メイナード・ケインズ[45]）の新たな質を押しつけようとする試みとしてのみ理解できる。行進とパレード、全国的なキャンペーン、矢継ぎ早の法律作成、新しい省や機関、特別委員会や大衆組織の設立、新しい祝日や記念日の導入、これらは新たな出発を——古いレジームでは普通だったように——意図の宣言としてではなく、すでに始まっている現実として示した。フランス人評論家が一年目の「第三帝国」について書いていることは、ニューディールの一年目にも当てはまる。「これらの大衆集会で、正確な政治的・経済的プログラムが告示されるのか、それは疑わしい。ただ熱狂の覚醒と維持だけが重要なのだ[46]」。

ナチズムとニューディールがプログラムを告示しなかったわけではない。それどころか逆に、とどまることなく告知や告示が出された。しかし、重要なのは内容ではなく、意志、決断、力、運動を暗示する身振りであった。大衆の心に響くのは、実際のプロジェクトやその実現可能性ではなく、その演出から発する情緒的な渦であった。ここには、ナチズムとニューディールの歴史家双方によって繰り返し強調されてきた、両レジームの機会主義が大きな成功をもたらす形で作用していた。実際に、両レジームにとって、経済危機克服のための改革やプログラムは先行の政府によってとっくに仕上げられていた。しかし、ブリューニングやパーペン、フーヴァーの政府に完全に欠如していたのは、ドラマ、スペクタクル、鳴り響くファンファーレ、大衆に感情移入する煽動を演出する能力であった。古いレジーム[47]は誰をも覚醒させたり、気分を高めたり、心を奪ったり、感動させたりできなかった。それらは――この点ではナチ党に対するプロパガンダ闘争での社会民主党も同様に――経済的見通しを提供できなかったからだけではなく、煽動的・プロパガンダ的な政治的見通しすら提供できなかったからである。それに対して、ナチズムとニューディールは、この瞬間に必要な才能、シンボルを革新的・卓越的にためらいなく投入する能力をもっていたのである。[48]

プロパガンダとサーカス

パンとサーカスという古代ローマ時代の組み合わせ以来、あらゆるプロパガンダの目的は、最良の世界に住んでいる、あるいはそこへの途上にあるという感覚を公衆に与えることである。簡にして要を得た形で言えば、「幸福感ファクター[49]」である。物質的豊かさの時代には、意識に働きかける産業へと拡大された消費産業が政治的プロパガンダを広く余分なものとする。一九二〇年代および五〇年代から九〇年代における西側消費社会の安定は、自由のスローガンのおかげではなく、物質的豊かさのおかげであった。逆に、三〇年代の合衆国とドイツにおけるプロパガンダは、驚くほど効果的な幸福感ファクターを魔法で呼び出すことによって、消費危機を「巧みに隠す」ことができた。この幸福感ファクターは、二つのレジームがそれを手がかりに自分を引っ張り上げる自分自身の前髪であった。ニューディールという表現がトランプ・ゲームから取られたことを考えれば、両レジームのプロパガンダは成功した大胆なブラフ［はったり］だったと言えるだろう。

トランプ・ゲームとゲーム一般のメタファーは、ニューディールの理解にとって戦争アナロジーと同様に重要である。トーマス・ヴァーノア・スミスとウォーレン・サスマンがこのことに注意を喚起している。政治とゲームの有名な同一視（「政治は偉大なアメリカのゲームである」）、そして、成功とは、ゲームの中でのように永遠に提供されるチャンスの必然的な結果であるという、アメリカ人の無意識に深く根を下ろした観念から出発して、二人は、ニューディールの人気を、多数のゲームを暗示しながら説明した。ニューディールは、あらゆる形態のゲームがそれまで知られなかった程度にまで大衆文化の構成要素に、いやそれどころかその核心になった一〇年間における政治形態であった[50]。

ゲームの概念を三〇年代に爆発的に拡大したスポーツにまで、あるいは娯楽文化や余暇文化全体にまで拡大してみれば、ことがらそのものが増加したというよりは、その国家との関係、国家への結びつきが強まったのだということがわかる。娯楽文化、スポーツ文化、余暇文化が初めて大規模に拡大したのは、第一次世界大戦前の時期であった。二〇年代には、最後のヴィクトリア朝的コルセットから身体文化が解放され、大衆スポーツが形成されて、これらの文化が確立した。三〇年代に加えられたのは、国家によるこれらの領域の発見、促進、利用であった。

こうした変化は、真っ先に全体主義国家の余暇組織（イタリアのドーポラヴォーロ、ドイツの歓喜力行団）で起こり、後には自由主義的民主主義諸国も続いた。もっとも、後者ではけっして国家的な大衆組織という形はとらなかったが(51)。

ニューディール下の合衆国でも、ゲーム・スポーツ・余暇文化は国家の領域ではなく、ほとんどの他のプログラムと同様、民間企業や地方自治体、州の事項であった。しかし、ワシントンからの激励や財政援助を通して、その誤解の余地なき特徴を示すようになった。それは、「ニューディール風景」と呼ばれ、公的な遊戯・スポーツ場、プール、海浜施設、ピクニック場・テント場・展望台・野外劇場の付いたレクリエーション公園や自然公園であった。最後に、パークウェイの大規模な拡充も挙げられる。これは、風景が魅力的な地域を通り、ドイツにおけるアウトバーンと同じように、「自動車でのワンデルン［散策］」を促進するものであった。

ウォーレン・サスマンは、ニューディール政治のゲーム的性格、そして全体主義とは違うその文明的業績という彼のテーゼの証拠として、ロジェ・カイヨワの遊びの理論を引き合いに出している。そこでは、こう言われている。

> 遊びの諸原則が実際、強力な欲望に従うものであるならば、……容易に理解できるように、それ［欲望］は、遊びの諸規則がどのような場合でも提案するような、理想的でしっかりと確定された諸条件のもとでのみ積極的で創造的な満足を見いだすことができる。本来の衝動は、自由にさせれば、すべての欲望のように際限なく破壊的な、災いに満ちた結果しかもたらしえない。遊びは本能を規律化し、それ

> を強制的に制度的な存在にする。遊びが型にのっとった限定された形で本能の充足を認めてやるとき、遊びは本能を教育し、それを豊かにし、その毒性に抗する精神を植えつける。同時に欲望は遊びによって、文化のスタイルを豊かにし、固定化する力を与えられる。[52]（強調は引用者）

強力な欲望の一つとして、カイヨワは眩暈を挙げている。彼はそれを、縁日に用いられる機械装置（回転木馬やジェットコースター）が引き起こすような失神・恍惚状態と位置づけているが、ニュルンベルクにおけるナチスの大イベントも彼にとっては、「組織された眩暈状態」であった。こう付け加えることができよう。ナチスやニューディール（ファシズムはそれほどではない）が作り出した、運動や眩暈を引き起こす、とりわけ眩暈をコントロールする他のすべての装置や施設と同じように、と。だが、こうした問題に向かう前に、このようなことが起こった空間がまずはいかに新たに定義され、新たに形成されたのかを見なければならない。

第4章　新しい空間

――国民、地域、入植――

ナショナリズムは一九三三年には一つの世界観であり、その一〇〇年以上の歴史の中で、革命的・ジャコバン的ナショナリズムから市民的・自由主義的ナショナリズムをへて帝国的・統合的・哲学的・文学的・生物学的・人種主義的ナショナリズムにいたるまで、多くの形態と色彩を帯びてきた。その運動には起伏があり、兄弟関係にある敵にして自己の分身、すなわちコスモポリタニズムやインターナショナリズムとの交代で、つねに浮き沈みを繰り返してきた。あるいは、その運動は振り子の関係、交互歌唱、ペアダンスのようなものだった。その時々に休息して元気を回復した方が、頑張りすぎて消耗した相手に代わって、主導権をとるのである。

加えて、ナショナリズムはもちろん中産階級の世界観であった。この階級はナショナリズムを旗印にして歴史的に台頭し、その存在をネイションと同一視しネイションを危険にさらすことも稀ではなかった唯一の階級であった。この同一視のために中産階級自身もまた、このイデオロギーが被った影響にさらされがちであった。そのことは、一九世紀と二〇世紀初期におけるナショナリズムの運動から跡づけることができる。

ネイションという理想の実現をスローガンにした統一戦争（アメリカの南北戦争、イタリアのリソルジメント、ドイツ帝国の創立）が終結するやいなや、続く建国期に沸き立った全般的な豊かさ志向の中で、ほかならぬこの理想はしぼんでしまった。もちろん、それから半世紀後にそれはふたたび力強く燃え立ち、新しい世代によって覚醒される。この世代は、一九一四年に不快感と嫌悪の念をもって両親の物質主義に背を向け、ネイションという理想の母へ、そしてこの理想によって導かれる偉大な浄化としての戦争へと向かったのであった。この成り行きは第一次大戦後に早送りで繰り返された。「聖なる連合」の理想主義的高揚に、二〇年代の物質主義・幸福主義が続き、これに世界経済恐慌という奈落への墜落が続いた。恐慌は恐慌で、ネイションとその体現である国家を、唯一の現実的で信頼できる審級として再発見させることになった。一九一四年の戦争勃発が、永遠の平和と繁栄という確信が頼みとしていたものを急に取り去ったのとまったく同じように、一九二九年の崩壊は、永遠に続くと思われた繁栄から急転直下、底なしの深淵への墜落として体験された。比喩ではなくまさに現実のものとしての土地（Boden）、新しい堅固で信頼できる土地をふたたび足下の基盤として獲得することが、おそらくは続く十年の最も強力な集団的衝動だったと言える。[1] 一九二九年以後、公共福祉への脅威は国際的な自由市場資本主義——脆弱で多くの事故を起こしがちな、制御不能で無責任なシステム——の不可避的な結果だと見なされ、今や、一種の新しいスパルタ——そこでは公共の福祉が幻想ではなく、手で触れられる現実である——になろうとする模索が始まったのである。

人びとが保護と方向づけを期待した権力は、この不幸に自ら責任がある旧自由主義の国家ではなく、新しいタイプの指導者国家であった。その指導部は（イタリアとドイツでは公式に「指導者」によって、合衆国では非公式にローズヴェルトによって体現された）、まず、自分たちは全国民と一体だと宣言した。そこからの道は国の外へではなく、内へと続いていた。それは、経済的には、失敗した世界経済から国家《ネイション》を自分自身へと連れ戻す道であった。明瞭に画定された、見通しが効きコントロールでき計画できる土地の上でのみ、自由主義・国際主義の病いから回復することができた。国家領域と経済領域はふたたび一致せねばならなかった。フェルディナント・フリートの言い回しを用いれば、国家《シュタート》が「金本位制の代替物」(2)となったのである。

しかし、当時のアウタルキーの考え方を経済的に理解するだけでは、三〇年代の精神を捉えることはできない。フェルディナント・フリートの次の文章がその証拠として役立つだろう。著者が保守革命の思想潮流の出であるとしても、それが時代精神の、イデオロギーとは無関係の側面を明瞭に言い表していることに異論の余地はない。

> 自由への激しい、結局は呪われた陶酔は過去のものとなった。人間は自分の限界を認識しなければならなかった。彼は手品に幻滅してふたたび我に返る。分をわきまえ、その生と思考をふたたび内面へ向け始める。……彼は自分が立っている土地の上で、自分が置かれている共同体、つまり家族、部族、民族を基盤にして考え始める。自由への怖いもの知らずの飛翔の後で、宿命的な拘束へと向かう道を再発見するのである。(3)

経済的なるものを超えて普遍的に定義されたアウタルキーと同じく、このアウタルキーを旗印にした三〇年代のナショナリズムは、その素質からして攻撃的・拡張的ではなく、防御的・内向的であった。このことはファシズムとナチズムの初期についても当てはまる。帝国的な征服の道に乗り出す（一九三五年ないし三八年）以前には、両者とも「内地植民」ないしは、今日で言う、低開発地域におけるインフラストラクチャーの改善措置に専念した[4]。ソヴィエト・ロシアのナショナリズムの展開にも注目すべき類似性が見られた。プロレタリア的国際主義と世界革命の理念にとっては、［レーニンが死去しスターリンが後継者となった］一九二四年が、自由主義的資本主義にとっての一九二九年と同様の崩壊の年であった。スターリンは一国社会主義のスローガンによって、レーニンとトロツキーの国際主義を放棄することができた。彼が世界革命に取って代えたロシアのナショナリズムは、一九三七年までイタリア、ドイツ、そしてアメリカ合衆国と同じく自給自足的・防御的・内向的であった。

再発見された国家《ネイション》は人民《フォルク》のそれであった。これは明らかに社会主義からの借用だったが、三〇年代のフォルク概念は、マルクスよりもヘルダーに近かった。階級は意味をもたなかった。存在したのは、あらゆる階級的仕切りを越えて共同体をなしている普通の人びとのみである。すなわち、ニューディールでは国民《ザ・ピープル》と普通のアメリカ人、ナチズムでは民族同胞と民族共同体である。国家の敵だと言明されたものに対して、ニューディールとナチズムは、扱い方はまったく異なっていたとしても、同じ呼称、つまり金権主義という呼び名を与えた。ニューディールが金融の中心地ウォール街を無力化し、ワシントンを国民の権力中枢にするという自画像を描いたように、ナチズムはユダヤ人の資産没収を、民族に敵対的な資産のとっくに行われていなければならなかった国民化だと説明した。最後に見せ方の――この場合はソヴィエト・ロシアとの――類似性があった。すなわち、ワシントンは刷新された国家の権力中枢としてのその役割を、とりわけ議会の種々の調査委員会において立証し、これらの委員会によって昨日の「国民の敵たち」（戦争利得者や投機利得者）は責任を問われた。後にまったく別の政治的方針をとる非米活動委員会も、国家の害虫をあぶり出すという護民官的な気分の中で活動を開始した(5)。

しかし、もちろん害虫や敵のイメージよりも重要だったのは、国家が積極的な意味において提供せねばならないものであった。「われわれがイタリアを創った後、重要なのはイタリア人を創り出すことだ」という、ファシズムが引き継いだリソルジメントの標語に従って人びと《フォルク》を「国民化する」ために、プロパガンダから道路建設にまでいたる全国家機構が動員された。今や、一九世紀の古いナショナリズムの欠陥として認識されたのは、それが抽象にとどまり、それゆえ、戦中の一時的な高揚を別とすれば、その国家《ネイション》が人民《フォルク》から疎遠なままだったということである。これに対して、新しい国家は誰にとっても具体的な、土地に根ざした郷土であるべきだった。

地域主義

ファシズムとナチズムについての古くからある評価は、それらはどの積極的な領域でもオリジナルではなく、つねに恥知らずな模倣と折衷にすぎなかったというものである。たしかにこれを反駁することはできないが、次のように補うことができる。別の政治的イデオロギーやレジームも同じようなものであった、と。何らかの過去の遺産を利用しなかったレジームを見つけ出すことは困難であろう。一九三〇年代の民主主義諸国、第一にニューディールも、そのような過去への立ち戻りなしには考えられない。

その場合、ファシズムやナチズムの場合と同様に、一八九〇―一九一〇年の時期に直接結びつく線がはっきり認められる。その当時市民的少数派の改革者たちによって考えられ、計画され、実験されたことは、世界大戦の犠牲になった。大戦が終わったとき、戦勝国アメリカ合衆国以外ではどこでも、「贅沢な改革」のために必要な資源が欠如していた。そして、世界大戦前二〇年間の種々の試みは、まさに贅沢な改革、すなわち、自らをさらに完全なものにしようとする高度に発達した文明の試みだったのである。要約すれば、それらの共通分母をなしたのは、先立つレッセ＝フェールの五〇年（イギリスでは一〇〇年）の間に破壊された、ないしは少なくとも強く侵害されていた、生活と文化の質を取り戻すことだったと言える。救済と回復の試みの対象となったのは、大衆によって除去されようとしている個人主義、利益社会によって廃棄されようとしている共同体、工業によって存在が脅かされている手工業、「文明」によって排除されそうな文化であった。モリス、ニーチェ、テーヌといった先駆者に続いて、非常に異なってはいるが目標においては近い哲学や運動が成立した。イギリスのアーツ・アンド・クラフツ運動やドイツの工作連盟、ギルド社会主義やコーポラティズム、民族共同体、青年運動、田園居住運動や田園都市運動、アルプスの南斜面での実験的コミューン、ドイツやイギリスの自然保護・記念物保護、そして、アメリカ合衆国の「保全主義」（セオドア・ローズヴェルトが指導的ポジションにいた）といった具合である。

これらの改革運動全体が、前資本主義とポスト資本主義の間で実験的なスパガート［バレエの前後開脚座］の位置にあった。その視線は、現在を通り抜けて、健全な中世の過去やその諸制度へと、また同時に、過ぎ去ったものによるインスピレーションという回り道をへてそこに到達したいと望んだ、明るい未来へと注がれていた。この期待が反動的だというのであれば、自らを進歩的と自認する世紀転換期ヨーロッパのエリートの大部分は反動だったことになろう。とりわけ、マルクス主義者にしてイギリスのギルド社会主義の創立

者、ウィリアム・モリスを筆頭にして。それどころか、カール・マルクスその人も。(6)

この回顧を通じての出発運動の一部が、地域の再発見であった。それは景観的、歴史的、文化的、社会的、生物学的、心理的などの点でも、後発の「国家《ネイション》」よりも古くて確かな単位をなす空間として再発見されたのである。全体としてのネイションを構成する本来的に「有機的な」基本単位としての地域への関心は、まずフランスから起こったのだが、それは驚くに値しない。フランスでは国家的中央集権化が推進された三〇〇年のうちに、地域が最も徹底的に画一化されていたからである。新しい地域主義は、一見すると、大空間に魅了されたナショナリズムや帝国主義という支配的な時代精神と矛盾しているように見えた。しかし、実際にはそれは、帝国主義的拡張に伴うボーダーレスで画定できない空間――しばしば脅威と感じられた――に対して、見通すことのできる、土地に根ざした生活圏を一種の保護空間《リザーブ》として対置したのであって、補完的な役目を果たした。こうして、一八八〇年頃の農業国フランスからグローバルな帝国主義への飛躍は、テーヌやバレスといった思想家がかき立てた郷土の土地、土地に根ざしていること、大地への郷愁と調和した。それどころか、後者によって補完されていたのである。一九世紀末における土地、大地、「有機的なもの」の再発見は、特殊ドイツ的・反動的な「特有の発展」などではまったくなく、近代の冷たさの中で、暖かく、見通しが効き、心地よい住処を造ろうとする国際的なメンタリティの一部であった。(7)

ほかならぬヴィルヘルム期ドイツにおけるこの運動が、いかに反動的で後ろ向きのものではなかったか、そのことを示すのは、地域主義の一部と自認している郷土保護運動である。イギリスの史跡・景勝地のナショナル・トラストが設立された一〇年後の一九〇四年に、それに刺激されて郷土保護同盟を創立した人びとは、教養市民層出身のリベラルな保守主義者たちであった。彼らはテクノロジーの敵などではさらさらなく、技術的・工業的進歩の不可避性と必要性を確信していたが、ただ、これをレッセ＝フェールの無形式性・無秩序さから解放して、歴史的に成長してきた文化景観と調和する形態へと転換しようとしたのであった。建築家で同盟の初代議長パウル・シュルツェ＝ナウムブルクは、ウィリアム・モリスやアーツ・アンド・クラフツ運動と同じことを、すなわち、素材と製作のしっかりした製品、合目的的で美的な造形をめざした。イギリスとドイツの運動に違いがあったとすれば、それはドイツの運動のいっそう決定的な近代性である。アーツ・アンド・クラフツ運動が工業には小指すらも触れるつもりがなかったのに対して、ドイツの運動は工業を原理的に承認し、洗練させようとした。教養市民層の改革者たちのこの社会的・文化的に均質な諸集団の中で、政治的・イデオロギー的な陣営の形成は見られなかった。パウル・シュルツェ＝ナウムブルクのような人物とヴァルター・グロピウスのような人物が、工作連盟のメンバーとして平和的に共存しただけでなく、機能的かつ形態の美しい、文化景観に溶け込む「新建築」という原則で一致してもいた。

一九一八年以後、これらのことはすべてもはや通用しなくなった。軍事的・政治的・道徳的崩壊によって、最後に、とりわけ個人的な物質的困窮、インフレの中での存在基盤の壊滅によって、一九一四年までは花盛りのオルタナティヴ文化であったものが、むき出しの現実となった。それ以前には――おそらくフランスでは一七八九年直前の一〇年が最後だったかもしれない――、将来性ある改革運動が情け容赦なく引き裂かれ宗教戦争と内戦のような状態になったことは、まずなかった。しかし、それが一九一八年の敗者の陣営で、勝者の陣営におけるよりも早く、より激しく生じたのである。しかも、後者とて単に一〇年たらずの猶予期間を享受できたにすぎない。一九二九年の世界経済恐慌は、より正しくは世界経済崩壊あるいは自由主義的資本主義の世界的敗北と言わねばならないのだが、その開始とともに資本主義世界全体にとって深刻な事態が出現した。今や、戦勝国も敗戦国が一〇年早く経験していたことに見舞われた。すなわち、自由主義的なシステムへの批判とそれを改革するプロジェクトは、このシステム自体の崩壊とともにその基盤を失ったということである。言い換えれば、機能する資本主義によって担保されている存在の安全、安心、快適さの中に身を置いて（たとえば田園都市の別荘にある建築スタジオのようなところから）改革構想を発展させることと、このシステムの崩壊のただ中でそれを試みることは、まったく異なるのである。個人的な経験が集団的な政治的・イデオロギー的陣営の形成と結びついた。個々人の考えや行動が彼の個人的なことがらにとどまるのではなく、彼が関与するか否かにかかわらず、今や支配的となった物質的困窮とそれによって高揚する政治的イデオロギーの重力の場に引き入れられたのである。そのことを例証するのは、ドイツにおいて戦前期には政治的に中立だった郷土様式が一九一八年以後、民族主義的・民族至上主義的《フェルキッシュ》な闘争プログラム（平屋根に対する切り妻屋根）に転換したことであり、また、パウル・シュルツェ＝ナウムブルクがナショナリストに転換したこと、およびル・コルビュジエが三〇年代に「郷土様式」へと転じ、四〇年代初期にはヴィシー政権への共感を示したことである。(8)

一九〇〇年頃、相対的に快適な状態で工業化［の諸悪］に悩んだ改革運動は、彼らの前工業的・中世的なパラダイスを発見し慈しみ育んだのであるが、今や一九二九年の崩壊の世代は、はるかに現実に苦しみながら、底なしの危機の中で新たな基盤を見いだすことを期待して往時の思想や構想に遡った。それとも、一九〇〇年と一九三〇年の結びつきは三〇年代の世代にはまったく意識されていなかったのだろうか。彼らは、

『風とともに去りぬ』のスカーレット・オハラが決定的場面でそうしたように、無意識的・動物的に土地、大地、耕地にしがみついたのだろうか。［恐慌前の］繁栄の「ものすごい欺瞞」（エドマンド・ウィルソン）の後では、これらが唯一の信頼できる根源的なもの（エルンスト・ユンガー）であるように思われたがゆえに。

いずれにせよ、今や、土地は一片の畑から景観や地域にいたるまで、そのありとあらゆる姿や等級において、ほとんど宗教的・魔術的・「根源的な」意義を帯びた。そして、それは民族至上主義的《フェルキッシュ》な「血と土」イデオローグたちの想像の中だけのことではなかった。ヴァルター・ダレーのような人物が数年にわたって非常に人気を博し、セクトから大衆政党へのナチ党の台頭に決定的に貢献することができたのは、彼の特異体質が時代精神と出会い、結びついたからであった。「第三帝国」以外でも、危機に対する「戦争」の中で、土地は資本主義によって荒廃させられた世界の最も重要な同盟者、生の霊薬、再生手段と見なされた。フランクリン・D・ローズヴェルト自身、不況を工業資本主義の、土地からの疎隔によって説明し、このプロセスの逆転に救済を期待した一人であった。

土地という新しい宗教の信奉者の範囲は、完全な脱工業化と再農業化を要求する機械破壊者たちから、工業システムの技術的に最も進んだ代表者たちにまで及んでいた。ヘンリー・フォードは、前々から工業と農業の均衡状態をよしとしていた（「アメリカは農業と工業のバランスがとれている限り、何の問題も起こりえない」）のだが、大きな工業施設の徹底的な縮小（破壊と言えるかもしれない）と農業地域への移転に賛成を表明した。一九三三年に彼は大豆栽培と自動車生産の完結した循環という構想を提起し、あるドイツ人評者をして「畑でとれる」自動車のヴィジョンと言わしめた。(9)「工業の分散化」のスローガンのもと、工業の集中の「撤回」運動が、工業最先進国で最も深刻な恐慌に見舞われた二つの国、アメリカ合衆国とドイツにおいて並行して生じた。提案されたのは、全般的な「脱合理化」と「脱テイラー化」(エゴン・バンドマン)であり、一〇年間の技術的・組織的革新の法的モラトリアムの導入(ステュアート・チェイス)である。技術的・組織的革新は二〇年代に大量生産の高い生産性による巨大な利益と労働者の人員整理をもたらし、表面的な繁栄を可能にもしたが、同時にそれが初めて恐慌をも可能にしたのだと理由づけられた。[10]「ニューディール」という言葉の発明者(一九三二年の同名の著書において)であるステュアート・チェイスは、一九三一年に他の著書(『メキシコ』)の中で、リオグランデ川の向こうで目にし自国の人びとにその模倣を勧めた、工業化されていないがゆえの幸福で満ち足りた生活を誉め称えた。国民的なベストセラーとなったこの本の中には次のような一節がある。

手工業に基づくメキシコの経済は……危機に感染しない。過度な富も過度な貧困も抑圧された性も存在しない。……生活を規定しているのは、官僚制的行政、政治家の空虚なレトリックや商業化された選挙闘争ではなく、たとえば収穫や農村の水道設備の修繕に際しての対人的な相互援助である。ここでは金勘定はほとんどないし、正直は特別な徳ではなく自明のことである。人びとは時計ではなく太陽と季節に従って生きている。彼らは余暇を有料の娯楽パークやルールの決まったスポーツで過ごすのではなく、食事をするように、気の向くままに過ごす。労働においては、彼らは専門化された自動機械ではなく、誰もがいくつかの手職をもっている。……多くの製品は大量生産品よりも手頃な値段で、しかもその生産自体が最少の廃棄物しか出さないきわめて経済的なものである。過剰生産と失業は存在しない。

要するに、手工業者たちの共同体では、生は生きられるものであって、議論されるものではないのである。[11]

このような賛辞は、高貴な未開の生および原始共産主義のレトリックから明らかに影響を受けているとしても、当時の現実の欠乏・困窮状態に照らせば、ロココ様式の牧人劇の新版と見なすことはできない。むしろそれは、たとえば手工業のための電力エネルギーの利用や分散化された手工業的小工業におけるように、近代的技術と「人間的な」前工業的文化との新しい総合をめざしていた。[12]（一般的に言えば、二〇年代の古典的モダニストのうちの誰が、不況の時期に土地に根ざす伝統主義者や地域主義者になったかを、研究してみるときだろう。「ふたたび生に目覚め、ふたたび母となった土」に帰ろうと要求したル・コルビュジエは、その一人である。[13]）

したがって、めざされたのは、一九世紀によって破壊された自然、経済、技術、文化の均衡と調和である。もろもろの熟考や計画策定の焦点をなしていたのは、巨大な単位とモノカルチャーへと膨らみ、その後パンクした経済に、ふたたび力強い、均衡のとれた、とりわけ危機に強い経済システムがいかにして取って代わりうるかという問題である。めざされた解決策は、かつての時代の「有機的な」混合状態の再建、すなわち、大工業を比較的小さな単位へと細分化し、農業の中へ埋め込み、これと結合することである。その名称が「再農業化」であった。それは一種の善意のモーゲンソー・プラン［ナチス体制後に重工業を撲滅しドイツを農業国家に変えるという、第二次大戦中のアメリカでモーゲンソーによって提案された計画］であり、その目標は敵対する国民を罰することではなく、自国民の救済であった。その観点は、短期的かつ長期的なもので、時宜にかなった危機克服措置と社会的ユートピアとの融合であった。第一に、失業者が労働者農民として自分の土地で食糧を生産し、同時に近隣の小さな工業経営で恒常的に、または時折——経済情勢に応じて——職を得るという形で、失業問題が解決される。第二に、分業的専門化の克服によって新しい経済文化、それどころかそもそも新しい文化、新しい調和と（古いタイプの工業によって「機械化された」人間の代わりに）新しい「有機的な」人間が生み出される。第三に、自給自足のこの基本形態は、将来の経済危機を予防するのに最も有効な手段だというのである。

この救済理論において地域主義は、規範的な環境哲学および現実の空間におけるその実現戦略という、二重の役割を演じた。

一九二〇年代にアカデミズムの周辺で成立した空間計画、空間研究および地域計画は、ナチズムとニューディールによって、先行するすべてのレジームよりもいっそう強く推進された。両レジームでは、それらが学問的に制度化され、政治的に利用された。これに劣らず言及に値するのは、三〇年代の「第三帝国」における空間研究が政治的後見から広範囲に自由に展開しえたことである。このことは、続く戦中の空間計画には当然ながらもはや当てはまらなかった(14)。

ニューディール、ファシズム、そしてナチズムのレトリックやイデオロギーにおける共通性の一つは、自分たちの権力掌握を、以前のあらゆる中途半端さ、半ばの真実・幻想に取って代わる、国家《ネイション》の本来的な完成として描いたことである。それらによれば、ネイションは単にそう主張されただけのもの、せいぜい「機械的に」まとめられたものにすぎない。広範な人民大衆を実際に引き入れることがなくフォルク（ナチスによれば、血）の中にも土地にもリアルな基盤をもたない階級国家としてのネイションは、幻想ないしそれどころか虚偽であった。「第三帝国」における指導的な空間研究者の一人、コンラート・マイヤーは、彼の専門分野の任務と目標を次のように述べた。「ドイツ民族を支える基盤たるドイツの全空間を、それぞれの地方ごとに、また、この民族の生や業績との不可分の結びつきの中で研究・評価し、こうして深化した空間の諸力の認識が国民社会主義的な帝国再建のために確かで有用な基盤となるようにすること」だと。彼は別の箇所で、「研究を、われわれの国民的生の源へ、すなわち民族と生存空間、血と土へと向かわせる」(強調は原文)ことが課題だと言っている。[15]

血と土や国民社会主義的再建を、当時国際的に承認されていた有機的なるものという概念で置き換えれば、マイヤーのテクストのような文章は、アメリカの自由主義者で地域主義信奉者の文章、たとえばルイス・マンフォードのそれと関係づけることができる。彼は地域主義を「共同体、社会、地方の関係を、大都市に固定された思考に可能であるよりもいっそう具体的に捉える努力、商業的な根無し草性の代わりに安定し均衡のとれた生活文化をめざす努力」だと定義した。[16]

自由主義時代の「機械的な」結合に代わって、国民に「有機的な」凝集性を与える地域の役割についても、アメリカの地域主義者たちは次のようにまとめている。

> 地域主義は、連邦諸州の統制されない個別主義とワシントン中央政府との間を自然な形でうまく媒介するものである。(バーデット・G・ルイス)

地域計画にとっては、「土地、人間、経済は一つの単位をなしている。……それは、これまで集積地域に限られていた文化と文明の恩恵を、ありとあらゆるところに行き渡らせるという目標をもって、地域全体の再建と再編をめざす」(マンフォード)。「それ〔地域主義〕は、ローカルな諸集団の中央に対する立場を強くする。それにとって農村共同体〔「地域民衆社会」〕は、あらゆる文化が築かれる基盤である」(ハワード・W・オーダム)。地域主義は「人工的な行政措置ではなく、この世の最も自然的なことがらである。……それは、同じように過去と未来に向けられ、あらゆる自然的・文化的要素の全体に関係するので、住民、経済、行政の——諸対立を調停する——分散化を実現しようとする計画策定の最も重要な道具である」。要するに、地域主義は「国民的統合に向かう」(オーダム)王道である。(17)

アメリカ合衆国の地域主義的改革は、本気で取り組まれるならば広範囲な帰結、とりわけ憲法に関わる帰結をもたらすだろうということを、その唱道者たちは否定しなかった。彼らは「憲法の再考」(オーダム)の必要性を公言し、そのうちの一人である憲法学者のウィリアム・ヤンデル・エリオットは、古い連邦国家に代わって合衆国の諸地域(「地域的コモンウェルス」)への再編成が法的に可能であるかどうかに関する論考を発表した。(18)

たしかに、そのような熟考を一九三三年のナチス・ドイツにおける諸州の廃止(「強制的画一化」)と大管区《ガウ》[ナチスの行政区域]への地域的再編と比べることはできない。だが、ナチスの強制的画一化に先行した内部での空間計画論議において、同様の論拠が持ち出されていたことは十分ありえよう。

もちろんまったく別次元の問題だが、地域的再編の話になるとほとんどいつも、自立性、自律、多様性の信奉者ではなく、テクノクラート的なプランナーが発言権をもった。そのことは、安定的な基盤、自給自足的な、それ自身で存続可能な基本単位によって地域の原理を強化しようとする試みでも示された。

入植

一九〇〇年頃、都市と農村という歴史的に成長してきた居住形態に加えて、改革運動の一環として定住的居住の第三の道、「入植」が現れた。それは都市的なものでも農村的なものでもなく、両方のある特性を新しい総合へと統一しようとした。ルソー的な理想と次元がそれを規定していた。見渡すことのできる空間に、見渡しうる共同体をなして居住し、この共同体は所有者あるいは賃借人という共通性よりも多くの、実質的な共同性によって結ばれている。また、都市と農村、工業と農業、居住と労働の古い対立も克服され、質的に新しい「有機的な」人間関係が樹立されるというのである。

イギリスの入植の先駆者エベネザー・ハワードの田園都市構想は、一八九八年に提唱され、一九一四年直前の数年にその最初の試みがなされて以来、一九七〇年頃に色あせるまで、「区画され」「人口密度が緩和され」「緑化された」古典的近代の都市の出発点と見なされた。その場合「入植」というテーマにとっては些細なことだが、ハワードとその後継者たちはたえず都市を念頭においており、都市を農村と結びつけること、より適切に言えば、農村の諸特質を都市に与えることが彼らの目標であった。ハワードやフランク・ロイド・ライトの、そしてまた、ル・コルビュジエの都市構想をより厳密に考察するならば、それらは個々の入植地の集積、いわば入植地モザイクないしは入植地ネットワークであることが判明する。それが都市の自由主義的膨張によってできた「家々の海」——そもそもこれに対抗してそれらの都市構想は現れたのだが——と違っていたのは、その高度な秩序、編成、緑地である。一九〇〇年頃、都市計画と入植計画は明らかに接点をもち交錯していたが、主導権はつねに入植の側にあった。歴史においてしばしば植民地がその本国に浸潤したように、入植地が都市に侵入したのである。

それにもかかわらず、一九一四年以前の入植地建設運動は、都市空間の「緑化」の意味でのみ、都市と農村の総合という理想を達成したにすぎなかった。ハワードがめざした居住と労働、工業と農業の統一（すなわち、空間的隣接）は、ユートピア的な「田園社会主義」だとして実行に移されなかったのである。[19]

第一次大戦が入植運動に新しい方向性を与えた。それは二段階で生じた。第一段階は、すでに戦時中に、軍需工業に雇用される労働者のための集合住宅の計画と建設という形で生じた。ずっと以前から工場労働者団地になじんでいたヨーロッパの入植計画では、これはほとんど意味をもたなかったのだが、一九一七―一八年にきわめて短期間に手品のように出現したアメリカ合衆国の軍需用労働者団地は、民間による戦後の発展に重要な刺激を与えたのである。方向性の変化の第二段階は戦後に、とりわけヨーロッパ、それもとくにヨーロッパの敗戦諸国で生じた。これらの国では――ドイツでは最も首尾一貫して――入植運動は農村と都市の総合という田園都市の理想を放棄し、純粋に都市的な住宅（街区）団地へと転換した。そこでめざされたのは、もはや自然の中への見事な統合という「有機性」ではなく、都市的な生活と住宅の「機能性」である。一九一九―二九年に建設された「ドイツの」団地《ジードルング》は、大都市の周辺、したがって緑の中にあったが、しかし、それは都市と農村を新たな総合へと統一するためではなく、「都市‐機械」――今や都市全体がそのような調和体だと理解された――の機能要素として存在した。自然の緑は、「緑地」へと、都市の「緑の肺」――「都市‐機械」の機能は自動車が石油に依存するようにこれにかかっていた――へと合理化された。一九二〇年代に都市計画家や建築家は、自分たちはヘンリー・フォードが自動車を造るように家を建てたいのだとしばしば述べたものだが、これはけっして比喩的な意味においてではなく、むしろ文字通りの意味でそう考えていたのである。

そこへ世界経済の崩壊が起きた。一五年前に世界大戦が田園都市の夢に終止符を打ったのと同様、それは二〇年代の都市的・機能主義的な入植の理想を葬り去った。しかし、この新たな大激動によって、ときおり地震が古い地層を露出させるように、時代遅れと考えられていた田園都市の理念がふたたび現実味を帯びるようになった。もちろん昔のまま再現したのではない。三〇年代の地域運動が一九一四年以前のそうした運動を完全に変化した事情のもとでふたたび取り上げ、新しい状況に応じて再定義したことはすでに述べたが、三〇年代の入植運動も同様のことを行ったのである。一九一四年以前の入植運動がその自由主義批判および都市と農村の総合構想を、物質的・実存的に安全な立場から展開していたとすれば、三〇年代におけるその後継運動は、経済と生活の窮状の直接的な現れであった。安楽椅子にもたれてゆうゆうと議論されたのではなく、背水の陣で議論されたのである。

自給自足のための入植

ナチズムとニューディールに先行する政府は、一九三〇—三二年の恐慌の時期にすでに、新たな経済的諸関係に合わせたタイプの入植をめざしていた。失業の困窮を緩和し、失業によって膨らむ社会的・政治的危険に対処するために、工業集積地域から農村への移住・強制移住がもくろまれていた。移転先は都市近郊の地域に限定された。そうした地域ではそうでなくてもすでに「無法な」失業者コロニーが作られていたのだが、これが今や国家的支援を受けて正規の都市近郊入植、いわゆる「郊外型小規模入植」ないしは「副業入植」へと転換された。

この入植タイプで新しいのは、どの家族も雨露をしのぐ屋根のほかに基本的食糧需要を充足するための一片の土地を獲得したことである。そこから期待されたのは、一方では公的な扶助資金の節約、他方では今にも爆発しそうな大衆の鎮静化であった。この郊外・農村の隔離地域に過渡的に収容されて、*失業者は恐慌の収束と生産への再統合までの時期を静かに待つというわけである。この入植タイプのもう一つの利点は、それが新しい種類の労働弾力性を可能にすることであった。工業の部分的な回復が生じるにすぎないような場合でも、労働者＝家庭菜園持ち＝農民、あるいは農民市民（ルートヴィヒ・オッペンハイマー）ならば、ベルトコンベアにも野菜畑にも同じように適性をもつのだから、いつでもすぐに使えた。

*収容所――一時的な集団的共同生活のこの形態――も入植の中にそのひな形が見られるのではないかという問題について述べておこう。ハワードの田園都市は、そのような脈絡にあると見ることはできないが、第一次大戦中に全社会的＝階級横断的に「収容所然として」突如出現した集団主義が、その痕跡をあとに残したのである。失業者コロニーもどちらかと言えば――正規のものでなかったにせよ――収容所だと言えた。それどころか収容所の両義性はまさにこの点、すなわち、無法者収容所と規律化収容所、流浪と監獄という両極の間で玉虫色であることにある。入植と世界大戦の最もはっきりした結びつきは、古代ローマの模範から着想を得た、退役軍人の組織的な農村定住というプロジェクトにある。それは一九一八年以後すべての参戦国で見られる。その最も著名な例は「アグロ・ポンティーノ」のプロジェクト、すなわち、ファシズム国家が退役軍人団体（全国退役軍人事業団）に委託したポンティーノ湿原の干拓である。これについては後述する。

この点で、恐慌克服のための単純な措置として始まっていたものを、都市と農村、工業と牧歌的生活の新しい、危機に強い総合というヴィジョンに転換することができた[20]。それを信じる用意、否、渇望が、三〇年代初期にはあらゆる工業国に存在した。それに美しい言葉、イメージ、プロジェクトを与えること、入植を新しい文明の礎石として計画の中心に据えることに、ファシズム、ナチズム、そしてニューディールは全力を注いだのである。

ニューディールはその入植プログラムを、レジームの最初の一〇〇日に着手される恐慌克服のための優先的措置と言明した。その遂行を引き受けたのは、一九三三年夏に新設された官庁「自給自足農場局《サブシステンス・ホームステッド》」である。官庁の定義では、一つの自給農場《ホームステッド》は「値段の割に質の良い、納家付きの近代的な家屋と一家族が十分自給しうるだけの広さの土地から」なっていた。

自給農場コロニーは二五から三〇〇のそうした農場からなっており、それらは農業を営む基盤として一エーカーから五エーカーの間の土地、果樹園と菜園、ニワトリ、一頭の豚と個々の場合には一頭の牛をもっていた。鍵の引き渡しまで、プロジェクトの立案計画、金融的手当、遂行は政府の手にあった。入植者たちは政府から四%金利の信用供与を受け、三〇年後に所有者になった。

このプログラムは完全に無一文の失業者のためのものではなく、その直前の段階、すなわち時短就業の労働者のためのもので、彼らを究極の困窮から守ることを眼目としていた。前提条件は、まだローン返済を行える稼ぎがあるということであった。農業による自給は、減少した正規の労働所得をただ埋め合わせるだけのものであった。農業の過剰生産で困窮する農業者のための計画も、これに対応していた。すなわち、彼ら

図 10　ウェスト・ヴァージニアのアーサーデイル入植地

の生産を自己需要の充足のための生産へと縮減させることは、彼らを、工業労働者を「田舎化」する「農業に従事させる」のと同じ程度に、「工業に投入する」ということであった。目標は危機に強い、そして危機を未然に防ぐ「都市＝農村経済」であった（ローズヴェルトの言では「田舎＝都会工業」）。

最初の自給農場プロジェクトであるウェスト・ヴァージニアのアーサーデイル入植地の建設は一九三三年夏に始まった。これを数カ月で完成させ、必要な周知期間の後、居住者、すなわち数百の失業した炭鉱労働者家族に引き渡すという計画であった。この地方には工業経営がなかったので、入植用家屋とともに小さな工場が同時に建設された。歴史家ポール・コンキンの言葉を借りれば、期待されていたのは次のことである。

ほんのわずかの幸運が重なって、彼らは悲惨な炭鉱と貧困、アルコール中毒、栄養失調、犯罪、高い死亡率がつきものの生活を後にして、手入れされた芝生、花々、果樹園に囲まれたきれいな白い家に引っ越す。毎日規則正しい食事時間に、公共の手になる炊き出しスープではなく、自分の家でつくった食事。自分の牛とニワトリ、家畜小屋、納屋、それに新鮮な空気と陽の光……国が設立した郵便事業用工場で、彼らは仕事を見つける。彼らは、タウンミーティングであらゆる決定を共同で下し、郵便事業用の仕事が十分でないならば、新しい可能性を開く。余暇には職人仕事をこなして美しいものを作る。炭鉱労働者にとってのみならず、アメリカ全体にとって、このコミュニティは新しい始まりとなろう。(21)

したがって、アーサーデイルは社会的困窮を緩和するための現実的・現実主義的なプロジェクトではなく、プロパガンダ的ショーウィンドウと国家をスポンサーとする社会的労働とが入り混じったものであった。その地がワシントン近郊、より厳密に言えばホワイト・ハウスの近くに位置したのは偶然ではなかった。しばしば当該の諸官庁の意志に反して、エレノア・ローズヴェルトとその腹心ルイス・ハウが計画策定と形成に介入した。彼らは建築家を任命し、家屋の型と造園を決定し、住宅設備を選択し、ついにはさらに、アーサーデイルが富裕層の自治体ニューポートやウェスト・チェスターでもそれ以上のものは望めないような進歩的な学校をもてるよう配慮までした。(22)ホワイト・ハウスによる特権化とプロジェクトに伴うプロパガンダは、あまりにも露骨なものだったので、それは結局は逆の効果を及ぼした。アーサーデイルは方向を指し示すモデルとして世間に歓迎されたのではなく、現実から遊離した計画と政府官僚制の浪費のひどい例として批判されたのである。

図11　遊んでいるアーサーデイルの子供たち

この不幸な始まりが原因となって、自給自足農場局は、早くも一九三五年に――計画した三四のプロジェクトをおおよそでも完結させることができる前に――解散させられ、新しい官庁（「再定住局」）の管轄下におかれた。これとともに農業・工業混合経済という理念は、プロパガンダの中で浴びていた脚光を非常に急速に失った。三〇年代末の「再定住」プログラムの停止までに、なお約六〇のプロジェクトが追求されたが、それらは、後に立ち返って述べる三つの例外を別とすれば、社会幻想的な、ましてや文明幻想的な演出なしで、単なる緊急措置として遂行された。たしかにその後も、オクラホマ出身の連邦議会議員たちのような、右の理念の情熱的な信奉者はいた。彼らは、自給農場を恐慌からの活路そのものと考え、四〇億ドル・プログラム（実際にそのために用意された二五〇〇万ドルではなく）の実現を、「さもなければ、われわれはすべてを失う」と要求した。[23]そして、若干の社会プランナーと社会改革者――その中にはもともとの構想の責任者である自給自足農場局の局長、M・L・ウィルソンがいた――にとっては、入植プログラムは最後まで比類のないユートピア的実験室であり続けた。彼らは初めから、それをこのようなものとして歓迎していたのである。しかし、世間――そもそもまだアーサーデイルに注意を向けていた限りで――においては、またとくに居住者たち自身においては、入植地の中で集団的・協同的な生活形態を発展させようとするプランナーの努力は、アメリカ的個人主義や競争メンタリティに矛盾しており権威主義的だと感じられるようになり、大きな懐疑や嫌悪にぶつかった。「アメリカの地での最初のソヴィエト・コルホーズ」という入植プログラムの特徴づけは、政治的レトリックであって、それ以上まじめに受け取られなかったが、入植者自身が私的な生活の監視にまで及ぶ国家の規制や後見に対して苦情を言った場合は、別であった。この点ではニューディールの自給農場プログラムはファシズム・イタリアにおける対応物に似ていただけでなく、さらにそれを上回っていた[24]。

ナチズムが入植プログラムにどのような価値を認めていたかを示すのは、一九三三年の「入植制度帝国全権委員」の設置と、他の誰よりもナチ党の「中間層社会主義」(ロスヴィータ・マタウシュ[25])を体現する人物をそれに任命したことである。すなわち、ゴットフリート・フェーダーは、金融資本の権力剝奪(「利子奴隷制の打破」)というその要求を含む、最初のナチ党綱領の起草者として知られる人物だが、最近確認されたように、彼は経済恐慌の中で発展させた「生産的信用創造」という構想によって、そうとは知らずに、ケインズ的な「有効需要創出のための」赤字財政支出の路線上にいた。彼は――ちなみにM・L・ウィルソンもそうだが――生来のエンジニアであった。したがって、均衡のとれた「有機的」社会すなわち民族共同体

図 12　建設中のラマースドルフのモデル・タウン

は、中くらいの大きさの、とりわけ分散化された工業によってのみ創造しうるという彼の確信は、おそらくそこから説明できる。彼は、金融政策として大銀行の廃止を、そしてエネルギー政策として、中心的な大発電所の廃止と協同組合的に組織された地域の中小発電所によるその代替を要求した。同様に、彼は大都市を解体し、より小さな入植地によって取って代えることをめざした。彼の理想は、周辺の農業、軽工業や手工業で生計の資を稼ぐ一万ないし二万の居住者からなる、「農村都市」であった。フェーダーはそれを「土地との再結合」、「田舎への定住化」と呼び、長期的な将来プログラムとして、失業者入植というワイマル期の緊急措置に対置した。そして、この目標を達成するために、帝国全域に均等に配置される千の農村都市の建設を計画した。[26]

彼の計画がただの一つも実現しなかった、あるいは真剣に着手されもしなかったことは、たしかに、フェーダーがすでに任命から一年後に帝国全権委員の職を罷免され、党内で権力を失ったことと直接的には関係なかった。彼の後任ルドヴィッチは、同じく農村都市理念の信奉者であり、このルドヴィッチのもとで入植プログラムは、少なくともイデオロギー的・プロパガンダ的位置づけとしては、ナチズムの主柱の一つであり続けたのである。ニューディールがアーサーデイル入植地を建設したように、「第三帝国」は、たとえばミュンヘン近郊のラマースドルフのような、いくつかの模範入植地を建設し、一世代のうちに四〇〇万の、したがって毎年一〇万から二〇万の入植地を造ると告知した。しかし実際には、一九三三—三六年の入植地建設は、ワイマル期の政府が一九三一—三二年に行ったそれと比べても、ニューディールにおける「自給自足農場」のプログラムと同様、大躍進とはならなかった。入植プログラムは、あるいは一九三四年以後そう呼ばれたように、菜園付き小住宅プログラムは、とりわけプロパガンダ的上部構造の一部としては大々的なものだったが、それも数年以上は続かなかった。(27)

その理由は、次のことにあった。一九三六年には、ドイツでもアメリカ合衆国でも、資本主義と大工業に対して中間層社会主義的な根本的批判がなされた時代は、そしてこの批判に伴った、代わってめざすべきは工業の縮減、再農業化、分散化だという確信は、過去のものになっていた。M・L・ウィルソンやゴットフリート・フェーダーのような人びとは、自分たちの理念をさらに完全なものに仕上げることのできる——とくにフェーダーはそれを行った——アカデミックなポストに追いやられた。両レジームともに、工業社会の破壊ではなくその社会的近代化に活路を見る人びとが勝利したのである。

M・L・ウィルソンの後任、レクスフォード・タグウェルもその一人であった。彼は、工業化と都市化のプロセスは不可逆であり、牧歌的な経済形態に回帰するあらゆる試みは世間知らずの企てだと考えた。彼の指導のもとで入植プログラムは、自給自足的な労働者＝農民入植の理念から離れて田園都市という以前の構想に回帰した。もっとも、彼が計画した三千のグリーンベルト・タウンは、ハワード的な田園都市とは人口密度が緩和され緑化された空間という以上の共通性をもたなかった。それは、居住と労働の独立した単位としてではなく、既存の大工業中心地の周りに敷設されそれらを補完する緑の帯状住宅地域として構想された。たしかにタグウェルもまた、ゴットフリート・フェーダーと同じく、そのプログラムを実現することはできなかった。成立したのは、計画された三千ではなく、――ウィルソンのアーサーデイルや「第三帝国」のモデル入植地と同様に――とりわけレジームが約束するより良い生活のショーウィンドウとして役立つ、わずか三つのグリーンベルト・タウンであった(28)。しかしその代わりに、ベッドタウンとしての田園都市という彼のヴァージョンは、多くの点で第二次大戦後の大都市近郊衛星都市を先取りしており、その限りで先見の明ある、先駆的なものであった。

ドイツでは、これに並行して経済的安定化と再軍備の開始とともに一九三六年以降、都市建築上の近代の最も重要な革新――人口密度が緩和され区画された職住分離の帯状都市――を取り入れつつ、古いタイプの工業労働者用団地への回帰が生じた。「フェーダー的な」牧歌的農村都市の代わりに、ヴォルフスブルク型の工業・田園都市(29)が出現した［ヴォルフスブルクは、新しく建設されたフォルクスワーゲン自動車工場とその労働者のために建設された中規模の都市］。

自給自足《アウタルキー》入植と農村都市という理念がなぜ敗北したのかという問題は、「夢想家」に対する「リアリスト」の勝利――それはそれでレジームの政治的・経済的安定の結果である――で説明できると思われる。だが、今日的視点からは絶望的で時代錯誤的なプログラムが、そもそもなぜ数年にわたってナチズムでもニューディールでもプロパガンダの中心でありえたのかは、それでは説明がつかない。しかし、工業の縮減、再農業化と分散化という構想を三〇年代の視点から考察するならば、それはけっしてそうユートピア的には見えない。というのは、ドイツでもアメリカ合衆国でも、工業化へ向かっての大飛躍から一世代ないし二世代たらずしか経っていなかったからである。これは、この転換の不可逆性が認識されうるには短い期間であり、工業化は何かとてつもなく誤った道ではないのかという問いを、一定の正当性をもって立てることのできる隔たりであった。いずれにせよ、「土地へ帰れ」というスローガンが三〇年代半ばまで反響を見いだしたことは、当時の人びとの記憶の中で前工業的な過去がまだいかに近く、生き生きしており、いつでも呼び戻せるように思われるものであったかということを示している。

プロパガンダというのは、世情に漂っているものを取り上げ、救済のメッセージへと洗練させるときに成功する。工業・都市・土地の融和というヴィジョンは、数年の間この目的のためにぴったりであった。それが入植のようにそれ自体でなんら華々しくない、非英雄的なことがらの衣装をまとってやってきたのだとしても。入植はユートピア的理念によって露骨に飾り立てられ、霊感を吹き込まれ、価値を高められた。そればかりか一定程度、英雄視されてシンボルに仕立てあげられた。だが、シンボルとは、ナチズムのプロパガンダが心得ていた通り、また、ゴットフリート・フェーダー編集の雑誌『入植と経済』が一九三四年に建築芸術に関連づけて書いた通り、「大規模にはこれまで教会によってのみ認識され用いられた、教育の最も客観的で最強の手段」であった。この意味で新しい入植地は、ナチズムの建築芸術のシンボルそのものでなければならなかった。なにしろ、それは「純粋で単純な形態において、建築的な造形と精神的態度を統一しており、新しい民族感情の証言、共通感覚のとりで[30]」だったのだから。

しかしながら、長期的には、それはシンボルとしての力や可能性を十分もたないことがわかった。あらゆる民主主義国における社会的住宅建設の代弁者たちは、たとえば新しいオペラハウス・プロジェクトのようなものに対して、自分たちの仕事の方がより重要だとしてこれを押し通そうとするときに、いつもこのことを実感した。一九三六年以後、それまで入植がもっていたプロパガンダ上の意義がなぜ別の建築プロジェクトに与えられたのか。これをヒトラーはあるときヘルマン・ラウシュニングに次のように説明した。

私は私の建築において、秩序への意志を目に見えるしるしにして民族に提示するのだ。建築から意志が人びと自身に伝播する。われわれは、そこでわれわれが働き休養する諸空間に依存している。われわれの建築の偉大さと純粋さによってのみ、民族はわれわれの意志の偉大さを測る。入植と労働者の住宅から始めるとすれば、それはおよそ私がなしうる最たる見当違いであろう。これらすべては実現するだろうし、わかりきったことである。そんなことはマルクス主義の政府やブルジョワの政府でもやれる。しかし、われわれだけが、党として、あらゆる芸術のうちで最も高貴なこの芸術において、ふたたび自由に偉大な創造をなしうるのだ。中世の大聖堂以来、われわれこそが初めて、ふたたび芸術家に偉大で大胆な課題を与える。菜園付き小住宅ではなく、小さな私的建築ではなく、エジプトやバビロンの巨大な建築以来となる最も強大なものだ。(31)

もっともこの場合、「第三帝国」が建築のモニュメンタリズムに関して生み出したものが手本にしたのは、古代オリエントの模範というよりも、数年前に東方のロシアで着手されており、ファシズムとニューディールにも刺激を与えていた同時代のプロジェクトであったのだが。

第5章　シンボル建築

――アグロ・ポンティーノ、テネシー川流域開発、アウトバーン――

ファシズム、ニューディール、そしてナチズムは、湿地帯の干拓、堰堤による河川流路のコントロール、全国的な自動車道路網の建設こそ、自分たちを最も確実に体現しており、自分たちの目標、方法、理想を測る基準となる業績だと称した。これはなぜなのかを跡づけるために、われわれは、この三つすべてが暗黙のうちにではあれ結局は引き合いに出し、消耗するほどの競争を余儀なくされていた、当のレジームに目を向けねばならない。

それは、一九一七年の革命から出現したソヴィエト・ロシアであった。

それは十年弱にわたって、世界革命の教義をもって資本主義的西洋に恐怖と驚愕を拡散させてきたし、また、革命を熱望するインテリ少数派を魅了してきた。その後、およそ一九二五年に、世界資本主義が世界革命をひねり潰してふたたび安定した結果、それは最初の敗北を喫していた。なにゆえに、スターリンは「世界革命の」国際主義的破産財団を引き受け、一国社会主義という代替戦略――要するにロシア型国民社会主義と言うこともできよう――に転換させたのか。

構想は単純であった。もはや世界革命をめざしている大国としてではないにせよ、少なくとも領土的に見て同権的な大国として敵に対抗しうるには、しかるべき経済的基盤が必要であった。一国社会主義の第一の目標となったのは工業化の遅れを取り戻すことである。しかし、自己理解によれば、卑屈な猿まねではなく、また、今さらマルクスとエンゲルスの描いた古典的工業化の苦難を伴ってではなく、世界史的に新しい独自の形態と規模で、すなわち夢のように軽々と、明るく、英雄的にそうすることである。ある人がコメントしたように、このレーニン主義的というよりもニーチェ的な意志の行為[1]をプロパガンダする手段として発明されたのが、第一次五カ年計画である。一九二七年にスターリンがこの計画の幕開けに着手したプロジェクト、ドニエプル川ダム・発電所複合事業は、それ自体天才的な政治的・心理的方策であった。というのは、一九二〇年に「第二の党綱領」として決定されたが未完に終わっていたレーニンの電化プログラム（「ソヴィエト権力＋電化＝共産主義」）を実現することによって、スターリンがレーニンの由緒正しい後継者であると証明されるではないか。また、電化から始めるということはすなわち、古い工業諸国が長い労苦に満ちた歴史の後に疲労困憊の状態に立ちいたっていたその地点で、新鮮な諸力をもって取りかかるということであった。差し迫るグローバルな競争のために、あるいは、この最終的目標のためでないとしても、少なくとも自国の大衆を説得するという目的のために、これに優る出発点があっただろうか。

五カ年計画はプロパガンダ機構「夢の工場　共産主義」（ボリス・グロイ）によって開始され、援護された。これは相互に調整された二つの機構から構成されていた。一つの機構は、未来の黄金時代、およびすでに社会主義の現在にも及んでいる黄金の未来の影響を事細かに描いた。もう一つは、この目標の達成に向けて投入される労働がいかに英雄的で、いかにうるわしいものかを描き出した。こうしてプロパガンダの対象となったのは労働する人びと、とりわけ何といってもプロジェクトそれ自体であった。セメントや鋼鉄、パワーショベルやトラクター、煙突やダム、高圧送電線やタービンがこれほど叙事詩的なものに、それどころか神話的なものに高められたことは、かつて一度としてなかった。資本主義がその現実逃避的な夢の世界や商品の宣伝のために発展させてきたマスメディア的表現手段が、今や、実現しつつあるユートピアだとされた労働、技術、国民社会主義的建設の世界に初めて応用されたのである。

この奮起が一九二七年に始まったとき、西洋は一時的な繁栄を享受していたので、それを遠くのエキゾチックな出来事以上のものとしては記録しなかった。真剣に受け取るべきでない「統計上の願望」、「天文学的な数の大衆を催眠術にかける試み」、「千年の計画」、「技術的ロマン主義」、「純粋なファンタジー」、そして「世間に大いに受ける」(ハンス・ジーメンス[2])見込み以外には成功のチャンスのない、意図せざる冗談だとされたのである。技術者、マルクス主義者、革命的ロマン主義者の少数の人びとのみが、ドニエプル川、マグニトゴルスク、その他のスターリン主義の大建築現場で起きていることに関心をもったにすぎない。

その後、黄金の二〇年代からの不意打ちの覚醒と大恐慌が、突如、すべてを新たな光の中で映し出した。グラフ雑誌や週間ニュース映画で描かれた、「古い」工業諸国の失業者の群れや休業中の生産施設と、ミツバチの巣箱のようにブンブンと音を立てる若いソヴィエト連邦の建設ほど、体制の違いを浮き彫りにしたものはなかった。西洋の知覚の中で突然、ロシアにおける様々な事態は、もはや遠く離れた無関係のものではけっしてなく、普遍的な妥当性をもつもの、それどころか手本とすべきものとして現れた。

イタリア・ファシズムは、自らを初めからボリシェヴィキに対する最も明確なオルタナティヴ、最も決定的な反革命的勢力として理解し、これをスローガンに掲げて権力を獲得した西洋で最初のレジームだったが、同時に、ソヴィエト共産主義から学ぶ用意があることを示した最初の権力でもあった。すでに述べたように、ファシズムの知識人とテクノクラートは、三〇年代もずっと進むまで、大きな関心をもって、世間の関心も引きつけつつ、ソヴィエト・ロシアが社会的・経済的革新という点で何をもたらすのかを追跡した。一九三三年以来ベルリンとモスクワの関係を規定していた断絶とは対照的である。それには、ファシズムがイタリアを、ボリシェヴィズムがロシアを見るのと同じように見ていたことも作用していた。すなわち、両国は西欧に遅れをとっている発展途上国であった。ファシズム・イタリアは、自らを「アジア的な」ロシアと比べて文化的に高度だと位置づけていたにせよ、両国ともに西欧とは異なる特有の道を歩んでいると見ていた。革命と反革命の両極が運命共同体の中で結びついていたと言いたいくらいである。

スターリンのプロパガンダは一九二七年にドニエプル川ダムの建設開始を、何百年にもわたって失敗してきた先行プロジェクトの実現、未開で敵対的な自然を服従させ利用する偉大な行為として賛美したが、その三年後にムッソリーニはファウスト的精神をもって、レジームの威信をかけたプロジェクトの礎石を据えた。

アグロ・ポンティーノ

ローマから南東、鉄道で約三〇分のところにある湿地帯は、古代に一度栄えた地方だったが、一五〇〇年この方、様々な教皇や世俗のレジームがその再開墾を試みては失敗していた。かくしてそれは無能と挫折の、それどころか、ほとんどイタリアの国民的惨めさのシンボルとなっていた。それは、縦ほぼ四五キロメートル、横平均一八キロメートルの長方形の形状をなしてティレニア海沿いに広がっていた。内陸部側はアルバーノ山地によって遮られていた。その面積は約八〇〇平方キロメートルで、大ベルリンの面積に匹敵した。牛飼い、炭焼き、季節労働者、浮浪者、盗賊といった住民は、季節によって数百人から数千人の間で変動した。これらの人びとは、旅行記が一部はロマンティックに、一部は憤って描いているように、きわめてプリミティヴな諸条件のもとで生活していた。そのヨシ作りの小屋は、多くの人にはヨーロッパの家よりもむしろアフリカの家畜小屋を思い起こさせた。人びとは、彼らをイタリア人とは見なさず、原始時代からの奇妙な遺物、「原始人のように動物同然に、動物と同居して食うや食わずの生活をしている悲惨な存在」と見た。『ファシズム文明』誌が干拓開始後の三年を振り返って、こう書いたように。

アグロは、アフリカやアメリカの特定の地域のように、未開である。[3]

すべての歴史的先行者のようにファシズムも、権力掌握後に――ほとんど型にはまった、義務上当然のように、と言いたくなるのだが――「国民の心の化膿しつつある傷[4]」を国家的刷新措置のカタログに取り上げた。だが、さしあたり一九二六―三〇年に起きたことは、経費と行動の点で、あるいは政治的意志という点でとも言えようが、それ以前の試みと基本的には違っていなかった。それが変化したのは世界経済恐慌のイタリアへの波及によってであり、したがって一九三〇年頃である。その二年前、一九二八年にムッソリーニは、いわゆる「統合土地改良」法によってイデオロギー上・プロパガンダ上の路線を定めていた。未利用地や痩せた土地の技術的・物理的な開拓ないし改良に限定されていた伝統的な土地改良に対して、統合土地改良は広範囲な目標を追求した。ほかでもない新しい農業文明の創造をめざしたのである。それは、伝統的な土地改良措置に加えて、全インフラストラクチャーの建設を含んでいた。すなわち家屋の建設、入植施設、都市の創設、およびそれぞれのプロジェクトのために想定される住人の募集、選抜、定住、新しい生活に向けての職業的・文化的・政治的な手ほどきである。

統合土地改良は、土地の再発見という一九三〇年頃の国際的な運動のイタリア版であった。その理由づけも同じであった。つまり、自由主義的資本主義の幻想が破綻した後、国民に唯一残された堅固な基盤として現れた土地に回帰することが重要なのであった。ある意味では、統合土地改良、とりわけその中心モデルで看板プロジェクトたるアグロ・ポンティーノは、きわめて大規模な、すなわち地域的な規模の入植プロジェクトだと特徴づけることができよう。というのは、ここにはイタリア的に修正されているが、ハワードの田園都市、フェーダーの農村都市、クリスタラーの入植中心地、わけてもソヴィエトのコルホーズの原型に特有なものすべてが見いだせるからである。ファシズムやナチズムのイデオロギーにおいて常であるように、そこでは個人主義と集団主義が解きがたい関係にあった(5)。一方では、個々人は小自作農としてその土地にしっかり根づき、それによって独立性と共同体に対する忠誠が確かなものになるとされた。同時に「他方では」、この結びつきを保証すべき集団的・協同的な諸設備がつくられたのである。農業事業所は協同で利用される倉庫であり、トラクター、トラックその他の、個々人が購入するには割に合わないか資金的に無理な技術的な器機の(修理)工場であった。それは一〇〇の農場ごとにあり、これらの農場は農場で、定住形態の基本単位たる村として社会的・行政的にまとめられていた。

アグロ・ポンティーノは、かつての沼地にいわばはめ込まれた、三つの層から構成される入植地ネットワークをなしていた。最下層にはほとんど軍の隊列のように一様な間隔で配置された個々の農場。次に、こうした個々の農場が目の粗い網目状に結びつけられた「村々」。そして最後に、上位の中心地たる五つの新都市。軍事用語になおせば、農場は隊、村々は中隊あるいは大隊、都市は連隊あるいは師団と言えよう。その際、田園都市の諸要素が宿営地の諸要素と結びついていた。各家屋は二つの表示によって遠くから識別可能であった。一つは、ONC（全国退役軍人事業団、アグロ・ポンティーノの主力団体）の財産という表示であり、もう一つは、番号であった。これらを組み合わせて、とくに文字と数字の大きさの違い［前者が不釣り合いに大きい］によって、そこが伝統的な番地をもつ都市や村の住宅ではなく、集団的・準軍事的に組織された生活世界であることがはっきり示されていた。

さらにもう一つの宿営地的要素が目を引く。一九三〇年代に新しく建設された入植地では通常、電気、水道、バス・トイレが標準設備であったのに対して、これらすべてがアグロの農場にはなかった。ファシズム国家がその近代性を誇示しようとする、威信をかけたプロジェクトであっただけに、その技術的後進性にいっそう驚かされる。

以上のことは、われわれにふたたびプロパガンダとしての役割という問題を提起していよう。ファシズムはアグロ・ポンティーノで一体何を発信しようとしたのか。

一五から三〇ヘクタールの大きさの農場は、その技術的な低水準と建築的・美的な特徴のなさからして、レジームの魅力や近代性を誇示するのにふさわしくなかったが、村々もまた、注目に値したのはせいぜい機能的な革新であって、シンボル性のある革新ではなかった。したがって、居住と労働に関しては、アグロは、すでに見たようにプロパガンダとシンボル性という点で有意義ではなかったニューディールとナチズムの（そして、他のすべての工業諸国の、と付け加えうる）入植を超えるものを、何も提供しなかった。

実際、農場や村は、アグロ・ポンティーノというプロパガンダ事業のチェス盤の上では、ただの歩兵にすぎなかった。プロパガンダにとっていっそう重要なのは、第三のレベル、すなわち、リットリア、ポンティニア、アプリリア、ポメッツィア、そして、とりわけ前面に押し出されたサバウディアという五つの新都市であった。(6) これらは植民事業の記念碑的な、輝かしい頂点であり、ここにはっきりと全計画と演出が集中していた。

それは定礎式とともに始まった。ムッソリーニ自身が毎回古代ローマのセレモニーに従って土地に一鋤入れた。彼は定礎と竣工との間に一年以上おいてはならないと命じた。また、彼はそれぞれの竣工式典で次のプロジェクトの定礎式と完成までの期間を告知した。同時期に着手されすぐに国民周知のところとなったイタリア鉄道制度の近代化と同様に、全体がなにか持続的運動の様相、時刻表通りの様相を呈した。その後まもなくドイツでは、アウトバーンの建設が同じようなセレモニーと同じようなテンポをもって、レジームの目的に邁進する姿、意志力、効率の証拠として世間の意識にたたき込まれたのだが、これはイタリアの模範に倣ったというよりも、むしろ両レジームが（そして次に検討するように、ニューディールも）その中で、また、それによって存立している状態、すなわち間断なき運動の状態の現れであった。

それらの成立のこの動的な要素と対照的だったのは、結果が彫像のように不動だったことである。一度完成されると、新都市は実際には「非‐都市」であった。しかし、ムッソリーニがこの名称を打ち出したときそう思っていたとしても、[7] 田園都市および都市と農村の総合という意味においてではなく、ファシズムの非－都市という理想の都市モニュメント、記念碑、街景図としてである。ル・コルビュジエは三〇年代初めからファシズムに共感し、五つの新都市の一つを建設したいと期待したのだが、彼は彼で、その後実際に建設されたものを「マリー・アントワネットのプチトリアノン宮殿風の農民村[8]」と誤って解釈した。新都市で重要だったのは、居住と労働、都市と農村の総合ではなく、もっぱら、ファシズムにおいて永続的な運動の対極にあるもの、つまり静的な秩序の実現だけであった。

このことは、ローマの軍宿営地から借用された見取り図から明らかである。それは、カントン的な（ルソー的意味での）規模すなわち見通しの効くこと、公共的建築の優越、周囲を圧してそびえる市庁舎塔を特徴としていた。新都市がいかに都市的構成体として意図されていなかったかは、メディアに載ったその写真に示されている。竣工式典の写真報道だけは、人であふれた道路や広場を載せた。しかし、その後のすべての公的な写真は、キリコの絵や兵士の墓地のように人影がなかったのである。

最後に挙げた比較は、一見そう見えるほど恣意的ではない。というのも、ファシズムは心底から運動に魅了されていたのだが、この魅了は、ファシズムの確信によれば、運動の最高の形態、最も英雄的な形態、つまり闘争において頂点に達したからである。そして、レジームはポンティーノ湿地帯の干拓と開墾を、闘争として、もっと厳密に言えば戦争として演出した。それについてムッソリーニはリットリアの竣工式、偉大な戦争記念碑の除幕にも匹敵すると見なせるような式典に際して、こう語った。「ここでわれわれが獲得したのは新しい州であり、われわれの日々の労働は、他のすべてに優先する戦争での作戦にほかならない[9]」。

図 13　「非 - 都市」サバウディア

すぐにアグロ・ポンティーノ事業は、繰り返し第一次大戦の体験と関連づけられた。初めこの事業は、先行する諸政府が告知し約束したことを継承・発展させて、第一次大戦から帰還した兵士に一片の土地を与えることになっていた。したがって、全体の組織化を行ったのは退役軍人行政機関たる「全国退役軍人事業団」（ＯＮＣ）であり、この機関が土地の所有者になった。それは開墾を組織し資金を融通し、家、村、都市を建設し、入植者を選抜した。ついで、大きな宿営地の指揮官のように彼らの生活のルールを決め、コントロールし、導き、規律化した。

しかし、ムッソリーニは、新しい州リットリアを獲得する闘争について語ったとき、このような静的な最終状態を念頭においていたのではなかった。たしかに、ＯＮＣによってイタリア全土からここに移住させられた二万六千人の入植者を、プロパガンダ的・象徴的にこう描くことはできた。

彼らは、このるつぼの中で、イタリア国民が大戦のるつぼの中でそうなったのと同じように、新たな統一性へと融合する新しい本物のファシズム的人種だ、と。しかし、はるかにドラマティックに見えたのは、新しい州そのものの獲得という出来事である。数年にわたって一〇回も、同じくイタリア全土から来た大量の労働者軍団（一九三二―三五年に二三万人）が自然に対して行ったこの戦いを、メディアは新種の戦場報告として描いた。たとえばコッラド・アルヴァロは、ルポルタージュ『世界通信』（一九三四年）で次のように報じた。

こんなにも短期間で、日付が変わる間に、これほど大きな地域がこれほど全面的に変貌させられたことはいまだかつてなかった。せいぜいのところ近代戦において、二千ないし三千の兵士が草原に野営し、そこを一時間の内に上水道、排水路、野戦炊事場、司令部、練兵場を備えたテントの都市に変えてしまったときに、そうしたことが起きたくらいである……この二つの侵入形態はその技術において似ている。近代戦のおかげで、われわれは大量侵入がどんな最高業績を挙げうるかを認識したのだ。

人間文明は鍬、鋤、シャベルで装甲列車のように武装して前進する。

入植者の青い家々の眺めは、規律化された軍隊を思い出させる。……そして、納屋に駐められている農業機械は新しいタイプの武器だと見なせよう。……大地は戦場のように掘り返された。

入植者の到着については、こう述べられている。

彼らはプラットホームに集合して、まるで塹壕の守りに就くためであるかのように行進し始める。すでに入植していた仲間は、あんたたちはどこから来たのかね、と問い、新参者は様々な大隊や連隊が前線で遭遇したときにするように、敬礼して答える。

図 14　ポンティーノ湿原で小麦収穫の開始式を行い，労働者軍団を鼓舞するムッソリーニ

アグロは、戦争を体験していない青年にとってこの体験の代替物、「根本から新しいイタリア的生活様式の中心」となるはずであった。「土地改良に参加したということは、今日では戦争への参加と同義である」(10)。その後アグロは毎年、ムッソリーニ自身が開幕した収穫戦を演出するための中心的な戦場となった。ファシズムの一つのイコンは、上半身裸になり、砲兵が榴弾をもつように穀物の束をもって労働するドゥーチェを見せつける写真である。

文化を創造する力としての闘争と戦争は、ファシズムのその他のシンボルやメタファーと同様にアンビヴァレントである。生と死のイメージに取り憑かれて、ファシズムはこの二つが互いに作用し合う力を鼓舞激励・精神化し、恒常的な死の現前なしには生きるに値しない英雄的な生という観念を利用した。沼地から獲得した土地の開墾のイメージは、そうしたライトモチーフの変種の一つであった。それは、傷つけると同時に豊穣にもする大地の切り開きとして、あるいは、機械化された農業の鋼鉄の機械による大地への侵入としてイメージされた。一九三二年末に行われたリットリアの鍬入れ式のルポルタージュで、そのように描かれている。軍司令官さながらのムッソリーニ臨席の下、広範な戦線をなして前進する一一〇台のトラクターとトラックについて、そのルポは言う。

ドゥーチェのまなざしは、人間が大地の開墾のために創造した機械に満足げに注がれている。……その目からは、ローマが豊穣をもたらす鋤によって新しいものとなって生まれるというヴィジョンが読み取れる。

「同時に傷つけも豊穣にもする力である鋤[11]」という言葉は、両義性をいっそう明確に示している。

最後に、明示的ではなく暗黙にだが、聖書を連想させる表現もある。すなわち、沼地（＝水）からの土地の獲得は、創世記における水からの土地の創造の追体験である。もっとも、この聖書的イメージもおそらく、戦闘的・性的な連想とは違って、すでに大衆の観念の中によく定着していたからこそ、その観念に結びつけられることに、それどころかきわめて乱暴な形で再生利用されることになってしまった。「水との戦い」と「水に対する勝利」は、世俗化された創世記、自然の要素との技術による戦い、その征服と利用であるだけでなく、同時にファシズムが遂行するいっそう偉大な戦いのシンボルであった。というのも、そもそも敵は、水ではなく湿地とぬかるみ、すなわち、近代の心理において前々から底なしのもの、不格好なもの、アナーキーなもの、女性的なもの、無秩序と不純そのものを体現する、あの混合状態だったからである。これをその混じりけのない構成部分――堅固な土地と水――に分解することが、かねてより秩序を創造するあらゆる試みの目標であった。ファシズムの想像力においては、一九二二年に克服された議会制システムは、ついに干拓された「沼地」であった[12]。ムッソリーニとそのレジームにとってのアグロ・ポンティーノの真の意義は、現実とシンボリズムをミックスしたこの叙事詩の中で、権力掌握へ向けての彼らの初期の政治闘争を、もう一度上演できるというところにあったのである。

われわれの物語を先取りして、アグロ・ポンティーノをナチズムとニューディールの大プロジェクト――アウトバーンとテネシー川流域開発公社（ＴＶＡ）――と比べてみるならば、景観（一九三〇年代の用語では地域）全体を近代化し、新しい相貌を与えるとされた大技術的モニュメンタリズムの努力が共通していることがわかる。アグロ・ポンティーノの事業は、干拓、建設、農業機械の投入という点で、疑いもなく大技術的であった。しかし結局のところ、この事業は、TVAのダム、アウトバーン、ドニエプル川大発電所――これらすべてのプロジェクトでは技術自体が壮大なものであった――ほどの壮大さをもたなかった。アグロ・ポンティーノはむしろ入植プロジェクトであった。それは、たしかにこの分野で建設されたものすべてをかすませてしまうほど巨大な規模をもち、新都市の姿において疑いもなく記念碑的でもあったが、しかし、それでも同時代に行われたドイツやアメリカのプロジェクトの技術的スケールないしダイナミズムには及ばなかった。

おそらくイタリアのプロジェクトは、入植と技術の壮大なプロジェクトの間の移行形態と考えれば、最もよく理解できる。基本的には拡大された入植プロジェクト以上のものではないが、それは、まったく外面的には、モニュメント性――その欠如のためにニューディールやナチズムの入植プロジェクトは、プロパガンダにとっては不毛なものであった――を新都市の姿で帯びていた。この点で、ナチズムの今日では忘れられたプロジェクトとの比較が有益である。東部プロイセン計画は「第三帝国」の初めには同様の地域計画的目標をもち、しばらくはドイツのアグロ・ポンティーノになる可能性を秘めていた。しかし、それにはプロパガンダに有効なシンボル的王冠が欠けていたので、アウトバーン・プロジェクトのために見捨てられたのである。[13]

テネシー川流域開発

ローズヴェルトは一九三三年五月に新しいタイプの地域開発の法律を発布したが、それが明言した地域は、一〇万平方キロメートル以上の面積をもち、アグロ・ポンティーノの一二〇倍の大きさであった。それは、地理的には七つの州（テネシー、アラバマ、ジョージア、ミシシッピ、ノースカロライナ、ケンタッキー、ヴァージニアの南部諸州）を流れるテネシー川とその支流の流域であり、社会的・経済的にはアメリカの最も貧しい地域の一つであった。その二五〇万住民の家族所得は国民平均の半分以下であった。しかも、実り豊かな土地、温和な気候、豊かな降雨量といった農業の繁栄に必要なあらゆる資源を自然によって与えられていたにもかかわらず、そうなのであった。二世代たらず前には、そのような地が発展すれば一種の第二のカリフォルニアになることが約束されているように思われた。ところがその後、一九世紀の最後の三分の一に、略奪資本主義が侵入した。数十年のうちに森という森は切り倒され、土壌浸食が広大な部分を飲み込んで進行し、月面の風景のように変貌させた。

すでに一度、ローズヴェルトがテネシー川流域開発公社を誕生させる一六年前に、連邦政府はここで大きな建設プロジェクトを始めていた。アラバマのマッスル・ショールズに近いウィルソン・ダムは、一九一七―一八年に国家的に操舵される戦時経済の迅速な手続きで建設されたのだが、弾薬工業のための硫酸塩生産という本来の目的にはもはや間に合わなかった。平時の政府にはあらゆる経済活動が禁じられていたので、終戦と経済の国家統制主義《ディリジズム》の終焉によって、ダムは投資の墓場となった。解決策として民営化が提案された。

しかし、引き受けの中心候補、電力トラストが二〇年代にはスキャンダルによって世間の信用を失っていたために、それは実現しなかったのである。

まったく違ったタイプの関心を抱いた人物がヘンリー・フォードであった。彼の開発構想は、追加のダムの建設にとどまらず、モータリゼーションと電化の総合というヴィジョンに沿って地域全体を新たに形成しようというもので、後のＴＶＡに近かった。彼はテネシー川沿いにハワードの田園都市モデルにならって、七五マイルの長さと一五マイルの幅の、工業地域と農業地域が並存する帯状都市を計画した。電気と自動車が完全に行き渡って、この地域は実現された未来の一片とはいかないまでも、少なくとも自動車セクターからエネルギー・セクターへのフォード的生産関係・消費関係の拡大になるはずであった。このヴィジョンは、二つの最も近代的なテクノロジーの合流――フォードとエジソンが一九二二年にマッスル・ショールズにおける事業パートナーとして相並んで世間の前に現れたことに象徴される――のためだけではなく、そのポピュリスティックな高揚感によってもまた大衆的影響力があった。というのも、フォードはかつてその自動車生産工場を銀行に頼ることなく、それどころか「ウォール街」と対立して建設したように、今やマッスル・ショールズ・プロジェクトを、金融資本とエネルギー・トラストに対する一撃として、消費者国民のために遂行すると約束したからである。異なる利害状況からにせよ、この構想がエネルギー・トラストによる引き受けの試みと同じく挫折せざるをえなかったことは、不思議ではなかった(14)。

こうしてローズヴェルトがテネシー川流域の地域開発プロジェクトをもくろんだとき、地盤は十分に準備されていた。アグロ・ポンティーノと同様、それは地域的な意義を超えて国家的な発展モデルとして思い描

図15　スモーキー・マウンテン近くの農場。干ばつに見舞われた農地を眺める女性（1939年2月）。

かれた。[15]そして、アグロが統合土地改良のとっておきの事業となったのと同じく、ＴＶＡは、たとえば入植制度、交通道路、農業、工業のように、単に一つのセクターのためのものではなく、すべての要素の調和をはかる統合的な地域開発の目玉事業となった。

アグロ・ポンティーノが新都市にもかかわらず基本的に農業的な事業であったのに対して、ＴＶＡは農業と技術の新しい種類の総合をめざした。たしかに、初めはこの二つの領域はくっきり分かれているように見えた。片や、水と関係するものすべて。つまり、ダムと水門の建設によって川の流れをコントロールし、航行可能にすること。片や、土地。再森林化と土地改良によって一九世紀の乱開発以前の本来的な状態に戻し、さらにそれを超えてインフラ整備によって模範的に近代化された地域にすることが、第二の課題であった。

ダム湖が全峡谷を水に沈めその住民が移住せねばならないことから、たしかに二つの活動領域の結びつきは存在した。否定的には住民の「駆逐」とも見えたこと——ニューディールの保守的な批判者からはそう弾劾された——は、プロパガンダでは正反対のものとして描かれた。水に沈められた世界と引き替えに成立した新しい世界は、ダム湖水面から数百メートル上に古い世界が単純に再建・再生産されたものではなかったし、アグロ・ポンティーノのように、単に近代化の若干のシンボルをもつ農業世界でもなかった。ＴＶＡの地を際立たせていたのは、そこで電気が果たした役割であった。

統合的な刷新という目標とならんで、世界大戦における国民的な頑張りと関連づけられたことが、アメリカのプロジェクトがイタリアのそれに似ているもう一つの要素である。ローズヴェルトは不況との戦いと外部の敵に対する戦いをレトリカルに同一視したが、この文脈においてＴＶＡは、一九一七年にマッスル・ショールズで始まったものの継続として現れた。そして最後に、事業の遂行のために設立された制度もまた、世界大戦を思い起こさせた。ＴＶＡは公共企業体、すなわち公法上の国有経済企業のタイプであり、これをワシントン政府は一九一七—一八年に、とくに軍需工業の統制と、たとえばウィルソン・ダムのような特定のプロジェクトの遂行のために発明したのであった。政府にいかなる経済的企業活動をも禁ずる法文化と憲法を考えれば、公共企業体という法的形態はディレンマからの活路だと思われた。だが、看過できなかったのは、「私経済の効率と政府の権力が結びついた企業」——ローズヴェルト自身がこう定義した——たるＴＶＡが、ローズヴェルトの人民投票的・カリスマ的支配それ自体と同様に、自由主義的な国家の権力分割を脅かしかねなかったことである。[16] もともと、アグロ・ポンティーノを管轄する全国退役軍人事業団の強大な権限とＴＶＡのそれとが違っていたのは、ＴＶＡが全地域の土地所有者ではなく、単にテネシー川、その支流およびそれらに造られたダムと発電所の所有者であるということだけだった。しかし、川の流れは地域の自然的インフラストラクチャーであるから、そのコントロールは地域全体のコントロールを意味したのである。

ここで、アグロ・ポンティーノとTVAプロジェクト（そして、もちろんこの二つに先行するドニエプル川ダム・発電所のプロジェクト）における固有の対象、もっとはっきり言えば、敵であった自然の要素、つまり水について考えてみるのが適切かもしれない。それは、現実であると同時にシンボルでもあった。現実ははっきりしていた。干拓されるべき湿地と制御されるべき荒々しい川の流れがそれである。ファシズムにとってのポンティーノ湿地のシンボル的な意義についてはすでに見た。すなわち、湿地はイタリアであり、ガーガー鳴くアマガエルは、国家を近代化することができなかったイタリアのブルジョワジーであった。

それでは、テネシー川の荒々しい水の制御は、アメリカ人にとって何を意味したのか。

建設工事が始まって一〇年後にテネシー渓谷について書かれた一文を見てみよう。

これは大きな変化の物語である。……いかにして、かつての野生のままの気まぐれな流れが、人びとの保養に役立ち、信頼すべき交通動脈として経済に役立つ、すばらしく美しい湖の連なりとなったのか。……いかにして、かつて利用もされず破壊的だった水量が飼い慣らされ制御されて、今ではわれわれの生活を明るくする電気を日夜生み出すようになったのか。いかにして、疲弊しきった土地がふたたび実り豊かな耕地に戻り、切り倒された森々がふたたび植林されたのか。[17]

ＴＶＡ理事会の創立以来のメンバー、デイヴィッド・リリエンタールは、これらの文章を『前進する民主主義』（一九四三年）の冒頭に置き、最初の建設段階の歴史を物語っている。ニューディールがＴＶＡプロジェクトに与えたシンボル的次元を把握しようとするなら、これほど適切な手がかりはない。というのも、それはテネシー川とその支流の水利技術的コントロールに関する叙述であるにとどまらず、著者はたぶん意識していなかっただろうが、同時にニューディールによる自由主義的な資本主義の上首尾な制御のアレゴリーだからである。数ページ後には、ダムと水門が過去の破局的大洪水をいかに防ぎ、その破壊的な力をいかに持続的な生産性に変えるかが叙述されているが、これを読めば、洪水と経済的（過剰生産）危機、ダム／水門とケインズ的計画のアナロジーが浮かび上がってくる。ニューディールは、テネシー渓谷に建設したダムによって水利技術的に達成したものを、多数の規制機関を通じて経済的に成し遂げた。ＴＶＡは、ニューディールのシンボル的な中核事業として実にこの上なくうってつけであった。レジームが自らをそう理解していた秩序権力および規制権力がここでは、技術的かつ具体的に鋼鉄とコンクリートの姿をとって、目の前にあったのだから。この意味で、アグロ・ポンティーノにおける新都市がファシズムのモニュメントであったように、ダムはニューディールのモニュメントであった。

ＴＶＡがニューディールの最も重要なプロパガンダ道具の一つになったのは、おそらく、あらゆる政治的・イデオロギー的なコントロールや計画が依然としてタブー視された社会で、技術的な規制と計画という理念は、何の問題もなく受け入れられた、それどころか望まれることさえありえたためであろう。経済計画および社会計画は、洪水の制御という技術的な姿をとって、トロイの木馬のように自由主義の稜堡に侵入し、その中で確かな地歩を占めた。

図 16　権力の建築：ノリス・ダムのコンクリートの威容

われわれは水のコントロールと洪水の制御から始めよう。それから森の再植林だ。続いて工業と農業の計画化。最後に職業教育の措置だ。こうして一つの課題が次の課題に導き、そこから新しい社会的組織が生まれる。[18]

このように、ＴＶＡ理事会のリリエンタールの同僚で、「土木技師にして社会エンジニア」（ドナルド・デイヴィッドソン）と評されるアーサー・Ｅ・モーガンは、技術的計画から社会的計画への道を、いわば自然な成り行きの進化として描いた。政治的な全体主義を世界の敵だと見なした自由主義者が、ＴＶＡプロジェクトの技術的および経済的・社会的な「全体性」は「計画が個人的自由と一致しうるだけでなく、これを強め拡大する」[19]ことの証左だと、当然のことのように語ったのである。

電化による救済

ＴＶＡは、計画化という領域で、全体主義の業績に対する民主主義の同等な能力、それどころか優位性を証明するという政治的・象徴的・修辞的課題のほかに、もう一つの課題、いわば国内の敵に向けられた機能を果たした。この敵は、一九二九年の崩壊をもたらし、ヒトラー、スターリン、ムッソリーニと同じく民主主義の深刻な脅威である、資本主義の腫瘍からなっていた。これに数えられたのは、「ウォール街」――人口に膾炙した神話の中で、貨幣というそれ自体民主主義的な原理を邪悪な力に歪曲した金融的魔物――とならんで、エネルギー経済である。このイメージによれば、大電力トラストはエネルギーの最も重要な形態を無制限にコントロールすることによって、銀行と同様に国の喉もとを締め上げていた[20]。

たとえばマンハッタンの夜のパノラマ。この「電気の銀河」（ル・コルビュジエ）や全世界を驚かせた新型の電力装置に示されるように、世界で最も電化が進んだ国というアメリカのイメージは、せいぜい半分の真実にすぎなかった。完全に電化されていたのは、大都市の人口集積地域のみであり、農村は投資が引き合わないために暗闇のままであった。一九三〇年に電気のネットワークに結ばれていたのは、アメリカの全世帯のわずか二〇％である。この無能、それどころか消費者への裏切りは、同時代にヘンリー・フォードが地域全体をカヴァーする自動車生産によって、技術的進歩と万人の経済的便益とがまったく一致しうることを証明していただけに、いっそう赦しがたいように思われた。

エネルギー・カルテルはあらゆる時代を通じて最大の私的な利益独占である。……それは立法機関を完全に買収している。……農業者の諸組織はそれによって買収され、教会や宗教的結社でさえその前には安泰ではない。……クラーケン〔沖に出現して竜巻を巻き起こすという怪物〕のようなその腕は、あらゆる都市行政に伸びている。どの世帯もすべてそれに貢ぐ義務を負わされている。それから自由である領域は存在しない。(21)

民主党上院議員フランク・ノリスはこのように述べた。彼は、一九三三年以前には、無制御な電力独占主義者に対する闘争の中心的発言者・護民官であり、彼らの権力を統制しようとする、あるいは公的な対抗権力を対置しようとする様々な突撃の試みの推進力だったのだが、とうとうローズヴェルト陣営に場を得て、TVAプロジェクトのために尽力していた。

電力トラストに対する憤懣は、それに由来する傷がまだ生々しかっただけに、金融界に対する一〇〇年古い嫌悪をさらに上回った。というのも、銀行がどのみち人間をけっして熱狂させることはできなかったのに対して、電化の理念は、それが一九〇〇年頃に具体的な姿をとって以来、大いなる希望、約束、救済のヴィジョンであり、ほとんど技術に投影された人類社会主義のユートピアのようなものだったからである。エミール・ゾラは、電化によってあらゆる労苦と搾取から解放された将来の工業のヴィジョンをこう描いた。「機械はすべてを……感動的な光景にする。従順でスタミナがあり疲れを知らない〔機械という〕労働者の大軍は、今や労働者の友であって、もはや競合者ではない。……機械は彼をさらにもっと搾取する代わりに解放する。彼が休息をとっている間、機械が彼の労働を遂行する」[22]。このヴィジョンを、上院議員ノリスの告発と対比してみれば、救済の約束と現実との隔たりがわかる。ゾラが一九〇一年にその小説『労働』の中で予言したことは、誇張された文学的ファンタジーではなく、電気の時代精神と呼びうるものの表現であった。電気はエネルギーの最も純粋な形態として知覚された。これと比べれば、これまでのすべての技術や工業の進歩はひどい原始状態に見えた。蒸気機関という「旧《パレオ》技術」（ルイス・マンフォード）が第一次産業革命を進行させたように、今や電気は第二次産業革命における「新《ネオ》技術」的完成をもたらすであろう。電力は「機械によって裏切られた夢をすべて取り戻し」、「産業的なエデンの園」を創造する力をもっていた[23]。この信仰において、アメリカの電力コンツェルン「ジェネラル・エレクトリック」社のチーフ・エンジニア、チャールズ・スタインメッツ（「電力は今日、社会化すなわち社会主義への道におけるおそらく最も力強いファクターである」）とソヴィエト連邦の創設者、ウラディーミル・レーニンは一致していた。

電化のイメージは、一九三〇年代に新装版となって復活した世紀転換期の他のもろもろのヴィジョン（指導者性、ナショナリズム、人種主義、地域主義）と同じく、次の点でそれ以前のものと違っていた。それが活力に満ちた時代の経験にではなく、根本的な崩壊の経験に由来したことである。今や電化は、すばらしく衛生的な、労働から解放され、生産性を何倍にもする第二の産業革命の姿をとった、工業文明の進歩や完成としてではなく、致命的なものと認識された工業資本主義的発展を押し戻す可能性として現れた。地域が「有機的な」空間として、アウタルキー的入植地が土地に根ざし危機に強い社会と経済の単位として現れたように、電気は今や、それだけが人類を大工業に囚われた状態から解放し、人間的な諸関係に連れ戻す技術として現れたのである。

鍵をなす言葉は分散化であり、それは「有機的なるもの」という理念と同じことを意味していた。大工業的集中と中央集権化という誤った道からの離脱、それに代わるルソー的な農業・軽工業混合経済の建設である。そこでは、人間は遠くの知らない制御センター・権力中枢の付属物と感じることなく、彼らの経済的・個人的な生活をふたたび自分の手に取り戻すのである。電化は、前近代的社会のすべての長所――見通しの効くこと、土地に結びついていること、共通感覚、本物であること――を、文明的な後進性という代償を払わずに取り戻す技術的な手段であった。「個別的な」家庭電化器機と小型電気モーターという形に脱中央集権化することによって、電気は、人間がもはや大工業システムの付属物ではなく、主権的な生産者にして消費者である最初の文明を創造するのだとされた。

電気はこれまでの既存のものすべてをはるかに凌駕する次元をもった中心的な発電所で生産されるのだから、この脱中央集権化は見かけ上のものにすぎないという異議は、電気を擁護するそうした議論に対しては通用しなかった。なぜなら、ドイツで国民のために造られた自動車が「国民車《フォルクスワーゲン》」であったように、TVAの諸施設で生産される電気は、TVAそれ自体と同様、国民のもの、国民電気だったからである。自由主義的システムでは、大なるものと小なるものとの対立は、つねに一方が他方によって圧倒され浸食される脅威として現れた。しかし、大なるものは多数の小なるものの結集体・共通善にほかならないというファシズム、ナチズム、ニューディールによって共有された思い込みのもとでは、この対立は反対のものに転じた。それは、大なるものが小なるものに生き残りを保証する保護関係になった。「大は小を強めるだろう。そのように巨大なダムは国土をより美しく、より肥沃に、より裕福に、そしていっそう生きるに値するようにするだろう」。

この文章はウォルター・L・クリーゼのものである。彼は、これまでで最も洞察に富んだTVAの文化史・神話史の著書の中で、ノリス・ダムと並行して建設されたモデル入植地、ノリス・タウンを例として挙げている。ダムの壮大なコンクリートの壁を背景にした「人形の家々」は、一八世紀から抜け出した牧歌的な田園風景さながらであった。ダムはそれらを圧倒したのではなく、保護——中世の都市の壁のように、と言いたくなるのだが——しているのである。(24) それは、アグロ・ポンティーノにおける貧相な入植者農場と新都市の壮大な党・政府建築物との併存に類似したものであり、違いは、ローズヴェルトのTVAダムが最新の建築技術、エネルギー技術、社会技術、プロパガンダ技術を表していたのに対して、ムッソリーニのプロジェクトは建築的・技術的・社会技術的に二〇世紀よりも帝政ローマにいっそう近かったことである。

「権力の建築」について語ったルイス・マンフォードは、それによって技術的権力と政治的権力の見事な結合を概念化した。彼なら、レーニンの言葉を同じようにうまくもじることができたであろう。ニューディール＋電化＝福祉国家、と。あるいは他の建築批評家のように「宣伝活動としての建築」だと言えたかもしれない。(25) これほどシンボルとしての力をもった建築プロジェクトはほとんど考えられない。破壊的な自然力である水を飼い慣らし文明化したダム、その水を生産的なエネルギーに転換したダム、大企業から独立し、国民——選出されたその代表者たち——によってコントロールされる経済空間・保護空間を作り出したダムは、ニューディールの中心的象徴になった。

それはエジプトのピラミッド、中世の大聖堂、アクロポリスやフォロ・ロマーノと比較された。しかし、

TVAの目的はこれらの歴史的に壮大な建築物よりもいっそう創造的・革新的であった。プロジェクトの初めからプランナーや建築家たちは、建築的・技術的効率を暗示やプロパガンダにおける効率と結びつけていたのだから。

何百万のアメリカ人は、……この建造物に民主主義の精神と力が体現されているのを見るだろう。……われわれの狙いは、これらのダムを見るときに、人びと——われわれは彼らのために建設したのであり、本来の所有者は彼らである——の心が大いなる誇りで揺さぶられることであった。[26]

一九四一年に「ニューヨーク」近代美術館《モーマ》で開催されたTVA建築の展示会の開会に際して、デイヴィッド・リリエンタールが何百万人と言ったとき、念頭におかれていたのは、週間ニュース映画からモーマにいたるまで、ダムのイメージを広めたメディアの視聴者だけではなかった。[27]むしろ何百万の人びとがダムそのものを訪れ、巡礼地のように象徴的に所有することができねばならなかった。期待される見学者の流れのための諸施設——進入道路、訪問者センター、受付ロビー、展望台、見学者のための回廊——は、どこがダムの構造的部分でどこがプロパガンダ的な部分かほとんど区別できないほど、全体が一体と見えるように統合されていた。見学者たちが通る通路からきちんと分けられたダムの操業領域の編成は、そのような配置を不可能にしないばかりか、前提にしていたのである。「訪問者の流れは一階で始まり、受付ロビーと展示室を通って、発電機を見学できる回廊へと向かった。これらすべては、その間中、操業が妨げられることなく進行するように敷設されていた[28]」。

この受付ロビーのうちの一つの空間的なしつらえは、当時の映画館のそれと比較された。[29]

純粋に技術的な領域も公衆に受けるように演出され、壮大なものにされていた。発電機室はある建築批評家に寺院の内部を思い起こさせた。空間とエネルギーが結合されて壮大な光景をなしており、訪問者に対するその効果は、ニュルンベルクのナチ党大会の参加者たちにアルベルト・シュペーアのドラマティックな「光の聖堂」が与えた効果と、不気味なほど似ていた。「人は一種の催眠状態のようにみなぎる力を感じる。ブンブン唸る発電機の絶え間ない音が耳にあふれ、巨大な機械装置が圧倒的な印象で目に焼き付く。……われわれの時代の最も強い力のこの全体的印象を免れることは不可能である」[30]。そして、こう付け加えることもできよう。その際、これらすべてを創り出した国家権力を感じないことは不可能である、と。

アウトバーン

最先端のテクノロジーを強調したことが、ドイツとアメリカの公共事業プロジェクトの両方に共通の特徴である。そして、この点で両者はイタリアにおけるムッソリーニの企てとは違っていた。ＴＶＡにとっての電化は、アウトバーンにとってモータリゼーションであった。ところで、この二つは、一九〇〇年頃に文明の中に登場して以来、単なる技術にすぎなかったのではなく、解放の約束・救済の約束であった。それらは産業革命の「プリミティヴな」、生産を指向する第一段階の終焉を画し、人間、自然、技術およびエネルギーがもはや矛盾せず、いわばネオ・サン＝シモン的総合に向かうような、完成された産業的理想郷の展望を開いた。電化とモータリゼーションは広く人びとを魅了した。こうした魅力は、第一次世界大戦によって短期間だけ途切れたものの、一九三三年以来、国家の新しい積極的役割によって新しい意味を帯びることになった。ＴＶＡによって電化のカードを切ったローズヴェルトと、アウトバーンによって自動車のカードを切ったヒトラーは、そうすることで彼らのレジームにどんな大衆願望の潜勢力が発揮されるかに気づいていた。[31]

すべての新しい製品や流行と同じく、新しい技術的方法や装置は、古い人類の夢の実現として驚嘆と賛嘆の念を引き起こす英雄的な開始段階において、人びとを最高に魅了するものである。それらが大量に生産されれ消費されるようになるや、驚嘆や賛嘆は下火になり、失われる。

アメリカでは、一九二〇年代のモータリゼーションとともに自動車は夢の対象ではなくなり、日常消費財になった。ヨーロッパでは、とくにイタリアやドイツといった自動車生産の途上国では、自動車は、人間が自然的限界を超え自分の能力を技術的に増大させる助けとなる、運動マシーン・スピードマシーンという未来主義的な魅力を放ち続けた。ヨーロッパ人は自動車を、自分の個人的自由を確証する、ないしは勝ち取る武器として利用した。彼らは個人主義的・攻撃的に、猛烈なスピードで、傍若無人に自動車を走行させた。ヨーロッパ人がアメリカに行ったとき、アメリカ人がゆったりと、周りに順応しつつ、受動的に自動車を操っている様子に非常に驚いた。もちろん、自動車の量、交通量にその単純明快な理由があるということはわかった。時には、アメリカ人の我慢強い、前後に連なっての走りを彼らの政治的な大勢順応主義と、あるいはポジティヴに言えば、彼らの民主主義の規律や安定性と結びつけることさえあった。[32]

「第三帝国」の歴史研究の中では、アウトバーンは長いこと再軍備の副産物として位置づけられてきた。「総統の道路」として、そして、初めから戦争を目的とするレジームの道路として、それは戦争準備の一部であるに違いないと断定的に推論されたのである。この三〇年間にナチズムがよりきめ細かく見られるようになり、アウトバーン・プロジェクトに関しても多次元的な像が生み出された。それは、今ではレジームの別の側面、すなわち、大衆を抑圧によってというよりも操作や暗示によって自らに結びつける、「アメリカ的な」側面の典型的な例と見なされるようになった。新しい世代の歴史家の知見によれば、民族共同体のイデオロギーは、それがパンとサーカスをただ約束しただけではなく、提供もしたから反響を見いだしたのである。この新しい観点では、「第三帝国」は牢獄というよりも、「歓喜力行団」組織によって建設され、とりわけアウトバーンによってまとめ上げられた大きな余暇施設として現れる。

ちなみに、「歓喜力行団」とアウトバーンを結びつけたのは、そもそもアウトバーンを初めて意味あるものにする第三の大プロジェクトにして民族への第二の「総統の贈り物」たる、フォルクスワーゲンであった。その生産が「歓喜力行団」に委託されたのである。

その後、アウトバーン建設と自動車生産は計画されたようには手を携えて進まなかったが、このことは心理的な作用を傷つけなかったばかりか、むしろそれをさらに増幅した。というのも、アメリカにおけるようにスムーズに完全なモータリゼーションが実現していたならば、自動車のカリスマは、かの地でと同じく急速に日常化したことであろう。しかし、そうではなかったからこそ、大建造物であるアウトバーンはモータリゼーションへの願望のこもった想像力をかき立てた。アウトバーンの影響は、トルソーの影響であった。観るものはその欠けている部分をある仕方で補い、それに大きな意味を与え、完全な体系——自動車の大群が走るアウトバーン——ならもたらさなかっただろう影響を及ぼしたのである。

ルイス・マンフォードはＴＶＡの巨大なコンクリートの塊をかつて権力の建築と呼んだが、アウトバーンのコンクリートの帯もまたそれであった。しかも、同じく言葉の二重の意味、すなわち、国家権力の建造物および技術の力すなわち物理的な力による建造物という意味において。力という観念への連想は、当時普通であった動力車という自動車の呼び方と動力走行路というアウトバーンの呼び方に現れていた。こうしてアドルフ・ヒトラーの道路は、コンクリートで舗装された動力の流れとして国中に広がり、地域を超えたその次元によってＴＶＡのダムやアグロ・ポンティーノとは異なる、新しいタイプの国民的モニュメントとなったのである。

しかし、三つのプロジェクトはすべて、自由主義によって物理的にも破壊された国土の再生と近代化という同じ政治的目標をもっていた。アグロ・ポンティーノとＴＶＡが模範地域においてこれを実演してみせるもので、その際の重心が技術的・経済的な革新におかれたのに対して、アウトバーン・プロジェクトの中心は、それよりもむしろ技術による審美的近代化であった。ついで、ふたたび三つすべてに共通なのは、それらがマスメディアによって初めて中心的効果を発揮したことである。イタリア人、アメリカ人およびドイツ人の大衆は、称揚された地域からあまりに遠く離れて生活しているか、あるいは自動車をもっていなかったので、彼らには個人的に占有ないし観察することはかなわなかった。だから、メディアが固有の見物舞台を形作り、プロジェクトは最終的にはこの舞台の上で、そしてこの舞台のために遂行されたのである。ここでもふたたび第一次大戦の遺産が示された。大戦が住民の大多数にとっては、その描写や意味づけがもっぱらプロパガンダ・メディアを通して行われる遠くの出来事であったように、今や、これら近代化の建築現場（プロパガンダはそれらを、すでに見たように、理由もなく戦争にも似た強引な力業として国民にたたき込んだわけではない）は、第一にメディアによって媒介され、メディアを通して体験された。

それでは、アウトバーンのより高次の意味とは何であったのか。

景観の王冠

注目すべきことに、新しい道路の呼び名は統一されていなかった。それはアドルフ・ヒトラーの道路とも自動車軌道とも呼ばれた。後者は、伝統的な道路に意識的に背を向け、歴史的により新しい交通体系である鉄道に匹敵するものをめざそうという意図を示唆しているように見えた。この想定は、アウトバーンの建設が国営企業ドイツ国鉄に委託されたことによって、確証されるように思われた。もっとも、国鉄の活動は執行機関としての活動に限定されていた。指導と計画策定は、ヒトラーによって任命された固有のアウトバーン建設の長、「ドイツ道路制度総監」フリッツ・トット、および彼が任命した景観工学士からなる助言者委員会［景観代理人］の手中にあった。ところで、後者は鉄道を無視する、もっと適切に言えば、鉄道を否定するという目標をもっていた。というのは、鉄道が一九世紀の他のどんな技術にも増して「有機的な」景観を切り裂き、人為的な集積地域と過疎地域に変えてしまっていたからである。プランナーが仕事を始めた際の中心理念は「ドイツ技術」という理念であり、これはまた、人間労働の疎外を克服するという共産主義の要求に匹敵する、ナチ・イデオロギーの一つの中心点であった。[33] ドイツ技術は二重のことを約束した。それは技術そのものを――具体的にはエンジニアを――資本主義への「隷属」から解放し、さらにこの解放された力によって自然と技術を融和させるということである。

それをアウトバーン建設に適用すると、トットの言によれば、こうなる。

アウトバーンの景観形成という問題は、最も重要な問題の一つである。……人びとが人工の軌道（鉄道築堤）だと思わず、自然に結びついているという気持ち……を抱くように、区間の形成を行うことが私には重要である。

アウトバーンは「技術と自然を結合する、しっかり継ぎ合わされた不滅の絆」である。「それは景観を破壊するのではなく、むしろ、景観の特性をまさにその巧みな区間処理によってさらに強調しなければならない」。その目的は「二つの地点の最短の結合ではなく、最も価値の高い結合」であった。アウトバーンは「景観を実際よりももっと美しくする」というのである。(34)

この目標設定が単なるプロパガンダだったのか、それとも現実であったのか、そして、ナチズムの独創的なエコロジー的業績であったのかどうかという問題は、アウトバーンの歴史研究で今日まで議論されている。(35)それにしても、要求と現実とのなんら意外なわけではない乖離を際立たせるよりも、より生産的だと思われるのは、「景観の特性」「技術と自然の結合」「最も価値の高い結合」といった言い回しによって、本当は何が意図されていたのかという問題である。

それについては初めから誤解があった。

伝統的な自然保護家および、トットによって任命された「景観代理人」のうち若干の人びとでさえ、自然に配慮する区間処理というトットの約束を自然保全の保証だと理解した。しかし、彼らはまもなく、実際に問題なのは景観保護ではなくむしろ景観創造だということを知ることになった。[36] たとえばボン近郊のジーベンゲビルゲのような定評のある自然保護地域をアウトバーンから守ろうとした者は、トットから見れば、「狭量な景観ファナティスト」であった。それゆえ、この地域にアウトバーンが通されたのは、その美への接近を可能にするだけでなく、アウトバーン独自の美学によってそれをいっそう高めるという理由づけをしつつ、自然保護家たちの抵抗を押さえてのことであった。[37]

「それによって開かれる景観の王冠」というアウトバーンの特徴づけは、トットに由来する。ブルーノ・タウトの都市の王冠を意識的にもじったのかどうかは不明である。しかし、表現主義のヴィジョンと、自然化された技術および技術化された自然というナチズムのヴィジョンとの内面的な親和性が推測されたし、トットのアウトバーン景観はタウトの都市の王冠や、クリスタルのごとく岩と山から伸び出ている「アルプス建築」という彼のファンタジーと関連づけられた。[38]

アウトバーンの美学を理解するためには、おそらく、回り道をしてあのアメリカの道路類型を見るのが最適である。これはドイツのプランナーにとって、ファシズムのイタリアにおける自動車道路などよりもいっそう魅力的なモデルであった。[39] アメリカ合衆国のモータリゼーションの最初の波の中で、すでに第一次大戦前に建設された自動車道路のいくつかは、パークウェイ［公園道路］と呼ばれた。それらは四車線で交差点がなく、他の道路網から分離されていて、乗用車のみに走行が許されていた。遊覧道路としてのその任務を、それらはアウトバーンと同様に二つの地点の最短の結合ではなく、景観的に最も魅力的な結合によって果たした。その主要目的はドライブの楽しみ、自動車による散策であり、これは一九三〇年代のドイツのアウトバーン用語では「アウトワンデルン」となった。それらはカーブ、下り坂、上り坂を避けるのでなく、むしろこれらを求めて、景観の起伏に沿って通された。その斬新さと魅力は、自然体験と走行体験の融合にあった。ジークフリート・ギーディオンが一九四一年に書いた文章がその印象を伝えてくれる。「それはドライバーと乗り物にとって新しい自由であった。上り坂と下り坂は地面に吸い付く感覚や重力のない浮遊感を呼

図 17 自然の美を際立たせるアウトバーン

び起こす。まるで新雪が降り積もった山の斜面でスキーをしているような気がした」[40]。

このドライバー体験を可能にすることがパークウェイの唯一の任務であった。建築的構造物——王冠——として、自らが景観を作り上げるという思想、ましてや要求は、それには無縁であった。このことは純粋にローカルなエリアにとどまっていた初期のパークウェイにも、ニューディール期に建設されたナショナル・パークウェイ、つまり旅行者用道路にも言えることである。後者のうち最も知られているのが、四八〇マイルのブルー・リッジ・パークウェイであった。ちなみに、その始点ないしは終点はＴＶＡの入り口の前であった。このブルー・リッジでは、パークウェイはほとんど自動車道路には見えなくなっている。それは、単に二つの、おまけに非常に細い車線をもち、自動車道路というよりはむしろアスファルト舗装された馬車道の趣だった。それは、それに貫かれた景観の王冠などではまったくなく、むしろ自分自身の隠れみののような印象を与えた。

弧を描く道路

社会工学の手段としての大衆モータリゼーションの推進を決心していたレジームがパークウェイに関心をもつのは当然であったが、一方で、モデルがこのレジームの特殊な欲求に合わせられることも避けられなかった。最も重要なことは、アウトバーンでは視覚的効果が弱められたのではなく、中心に据えられたことである。アウトバーンは、見渡すことができない建造物、モニュメント、景観の王冠として、景観をそもそも初めて本来のものに回復し、かつ、テクノロジーの時代にふさわしいものにするという要求を掲げた。それゆえに、それはどっしりとしたまったき量感と幅員をもって伸びていなければならなかった。また、そのカーブは目立たないものであってはならず、逆にコンクリートの中で行われる運動のドラマを上演せねばならなかった。アウトバーンは景観を力でねじ伏せようとするのでもなかったし、また、博物館的に保護するのでもなかった。そのプランナーやプロパガンディストたちが弧を描く道路と呼び[41]、それに期待したものは、それが景観と「その中を走り抜ける」人間を同じ力で掌握し、「第三帝国」自身と同じように、それまでにはなかったダイナミズムとエネルギーを感じさせることであった。

この高揚を賛美歌さながらに最も称揚したのは、第一にレジームのプロパガンディストたちであったが、しかし、彼らだけではなかった。たとえば、ナチ党の帝国報道局長ヴィルフリート・バーデはこう謳った。「総統の道路には大いなる安らぎがある。それは自然の中に溶け込んでいるように、偉大で簡素であり、それだけに同時に、その上を走行する者たちを、……やっと母のところに帰った息子のように人間を受け止める、自然のこの上なく喜ばしい統一の中にふたたび溶け込ませる」。

保守革命の著述家だがナチスではないハインリヒ・ハウザーは言う。「ものの数分もしないうちに、安心感と、まるで飛行にも似た浮遊の感覚、信じられないような幸福な感情に襲われる」。

最後に、熱心なカトリック教徒、自由主義者でレジームの内面的な敵であるヴァルター・ディルクスは、『フランクフルト新聞』のあるルポルタージュで次のように描いた。

それ〔アウトバーン〕は、その上で人が活発で能動的な活動性をもって動き続ける――この樹やあの家を通り過ぎ、この障害物を回り込み、あの障害物の前でストップし、ブレーキをかけ、ガソリンを入れ、ギアを切り替え、クラッチを入れ、警笛を鳴らし、というように――道路ではない。その種の道路では、われわれは運転手そのものであり、モーターがわれわれに「粗野な」力を加えてくれるだけである。しかし、アウトバーンでは、われわれはもはや自分が非常に活動的であるようには思えない。われわれは、自分が発進させたが今では何もせずともひとりでに軌道の帯を転がっている車を、ほとんど目立たない程度に、またほとんど無意識に、加減しコントロールするだけである。それどころか、人は「転がる」という表現すら完全には適切でないと感じる。というのは、われわれが思い浮かべるのはもはや走る車輪ではなく、滑る車なのだから。われわれが受動的であるほど、それだけいっそう軌道の大きなスイングがわれわれの感覚に刻み込まれ、ついには関係が逆転するように思われる。活動しているのはほかならぬ軌道だ、それは摩擦や激しい力をわれわれに伝えることなく、速くなめらかに動いており、車はなすすべもなくその中に吸い込まれていく、というように。(42)

ディルクスの描写をジークフリート・ギーディオンのパークウェイ体験と比べてみよう。そうすれば物理的・技術的にはほぼ同一の走行状況が、非常に異なった心理的反応を呼び起こしていることがわかる。パークウェイでは個人的な力と自由が高まる感情を、アウトバーンでは不気味に受動化し、いわば個を吸い取ってしまうダイナミズムの感情を。このことから、パークウェイは自由主義的・個人主義的な生の感情を、アウトバーンは全体主義的な生の感情を助長する、と結論したい気にさせられる。それゆえ、ヴァルター・デ

図 18 「車は滑っているように思える。……道路が能動的役割を演じ，われわれの方に速くなめらかに動いてくる。抵抗も摩擦もなく，車を無情に吸い込みながら」。

ィルクスとヴィルフリート・バーデが行ったような描写を等しく、「母子一対の非分離性の中に無抵抗でもうろうとして滑り込む共生幻想[43]」と見る解釈もある。

もちろん、問題は、自由主義者のジークフリート・ギーディオンとは違う人物、たとえばナチスのヴィルフリート・バーデが、パークウェイでのドライブをまったく同じように個人的自由の勝利として体験したかどうかである。あるいは、ヴァルター・ディルクスがアメリカに旅行したとして、パークウェイでのドライブを結局のところ彼のアウトバーンでのドライブと同じようなものとして体験したかどうかである。個人的趣味、気質、とりわけ政治的・世界観的立場がどのように知覚に影響を与えるのか、一連のアウトバーン・ルポルタージュの中にそのことを示す多数の例がある。イギリスの歴史家でナチズムの敵対者スティーヴン・ヘンリー・

ロバーツ――「第三帝国」についての本（『ヒトラーが建築した家』）の著者――にとっては、それは明確であった。

無駄に壮大な姿をしたこのまっすぐな白い道路は、ナチス・ドイツに典型的である。その無慈悲な効率は、個人に対して、自分がいかに取るに足りないものであるかを示す。……人は考えることをやめ、意志のない自動機械になる。その機械的な、基本的に非人間的な単調さは、しばらくすると、個人主義に肩入れするためにジグザクで走りたい気を起こさせるのだ。(44)

ヴァルター・ディルクスの描写をそのような一次元的な味気なさを背景にして読むと、それが潜在的に二重底であることに気づかされる。反ナチの外国人が危険を感じずに単刀直入に言えることでも、ディルクスの場合には、イソップ風の巧妙な仕方で暗示するしかなかったのであろう。といっても、彼のルポルタージュのあらゆる文章がその明瞭な内容をぼかされたものだということを意味するのではない。たいていの文章はこの意味でニュートラルであり、われわれの枠組みを越える文献学的な精査によってのみ、ここにそもそも第二の――イソップ風の――意味レヴェルがあるのかどうかを明らかにできよう。『フランクフルト新聞』は一九四三年の廃刊まで「第三帝国」において、そして「第三帝国」に対して、表向きは従順な言葉で批判することに定評のある機関紙だったので、この想定は大いにありえることである。鍵となりうる文章があるだけになおさらである。

ディルクスは彼のテクストを「アウトバーン上の三角形」というタイトルで発表した。それは彼が走った区間、フランクフルト—ベルリン—ミュンヘン—フランクフルトという地理的な三角形を指していた。だが、二〇年代の新即物主義の時代精神を想起する読者にとっては、「三角形」という言葉は特別な響きをもっていた。ベルリン・デルタ線は、当時、ポツダム広場が大都市交通にとってそうだったのと同様に、ありとあらゆるものに浸透し、圧倒していく、したがって全体主義的な技術を象徴する場所であった。ヨーゼフ・ロートの省察「デルタ線への信仰告白」[45]は、近代的技術を称揚し時代遅れの人間に対抗する、最もよく知られた新即物主義的な賛美歌の一つとなった。このテクストは一九二四年に、同じく『フランクフルト新聞』に載ったのだが、そこには次のような文章がある。

デルタ線では……光沢のある鉄の大動脈が集まり、流れを生み出し、広い道と広い世界をめざすエネルギーに満ちている。……それらの大動脈は、それらを軽蔑し恐れる意志薄弱者よりも強靭であるし、彼よりも長持ちするだけではない。それらは彼を粉砕するだろう。……わがデルタ線の範囲では、首尾一貫した頭脳の意志が支配する。この意志は、成功を確信していられるように、当てにならない肉体にではなく絶対の確実性をもつ体に、つまりマシーンの体に植えつけられたのだ。それゆえに、この金属で区切られた範囲では、すべての人間的なるものは小さく、弱々しく、そして失われており、誇らしい目的のための控えめな手段という分相応の意味へと限定されている。……どよめく世界の鼓動が感覚を麻痺させるところで、心臓の小さな鼓動が聞こえることなどありえようか。……来たるべき世界は力強い広がりをもつデルタ線のようなものであろう。[46]

終章　一九四四年
――「行進していくように」――

ジョン・T・フリンは第二次世界大戦の最後の年にこのタイトル［As We Go Marching］を冠して（ドイツ語だと、so gehts weiter か）、ニューディールに関する彼の全般的総括を出版した。歴史上の敗者たちが新しい世代によって、また、その診断を確証する発展によって再発見されるまでそうでありがちなように、フリンは今日では無名である。フリンがその最も重要な代表者の一人だった、一九三〇年代アメリカのいわゆる孤立主義全体が忘却されている。それは、ドイツでビスマルクの帝国創立の敵対者、たとえばコンスタンティン・フランツが忘れ去られているのと同様である。第二次大戦へのアメリカの参戦に反対であることは、参戦後には、敵に味方をすることとほとんど同義になった。若干の他の卓越した知識人たち――その中にはダニエル・バーナム、アルフレッド・ビンガム、およびローレンス・デニス（彼は孤立主義だという弾劾に加えてさらにファシズムの罪も着せられている）がいた――とともに、フリンはニューディールの最も鋭い分析者にして批判者の一人であった。彼らはみな、たしかにローズヴェルトのレジームをヒトラーやムッソリーニのそれと同一視はしなかったが、この三つすべてのレジームにおいて、自由主義的な資本主義から社会の計画と統制を伴う国家資本主義ないし資本主義的福祉国家へと移りゆく、世界史的な潮目の転換が生じたと考えた。一九四四年にフリンはこう予言した。すなわち、ニューディールが歩んだ統制経済《ディリジズム》の道は、国家の赤字のますますの増大を必要とする。これは、それによって大衆が満足させられており、負債の山が危機的な量に達しない限りでうまくいく。しかし、この二つの前提条件は危機ないし戦争を永続的に必要とする。望もうと望むまいと、ニューディールは永続的な例外状態の唯一の正当化として、永続的な危機と戦争遂行に専念するのだ、と。

それは、危機の中で成立し、危機によって生きており、危機の時代を超えて生き延びることはできない。もし存続しなければならないのなら、それは、まさにその本性的法則からして、年々新たな危機を自ら創造せねばならない。ムッソリーニは戦後危機の中で権力の座につき、彼自身がイタリア人の生活における危機となった。……ヒトラーの物語も同じである。そして、われわれの未来も永続的な危機という同じ荒れ狂う道を進むだろう。(1)

フリンは、アメリカ合衆国がイタリアやドイツのように必ずしも政治的抑圧の道を採るとは限らないこと、あるいはたぶん採る必要さえないことは認めていた。彼が予期したものは、「洗練されていて巧妙な、現れたときは心地よいファシズム、それゆえに人がまったくファシズムと呼ばないファシズム」、したがって、一〇年前に「フェビアン・ファシズム」と呼ばれ、一世代後には帝国主義アメリカの「フレンドリーなファシズム」と呼ばれることになるものである。

一九三〇年代におけるニューディールとファシズムの比較（および、ポスト・ベトナムの政治的レトリックにおけるファシスト・アメリカという解釈すべて）における問題はつねに、「洗練された」あるいは「ソフトな」アメリカ・ファシズムというこのコンセプトであった。ソフトな――つまり民主主義的な――ファシズムは、字義矛盾であるように見える。しかし、本当にそうだろうか。トクヴィルははるか昔に、アメリカ社会の平準化傾向・順応主義的傾向に警告を発しなかったか。『アメリカの民主主義』の中には、洗練された全体主義の古典、ハクスリーの『すばらしい新世界』の先行版のように読める章句がたっぷりとなかったか。

*

たしかに、いやしくも比較がなされるということは、心からの合意によって形成された社会を説明したいという願望の現れである。しかし、結局のところ、「ソフトなファシズム」という観念はあまり説明にはならない。ヨーロッパ人には時としてアメリカの民主主義の謎と見えるものを理解するには、「なぜアメリカ合衆国には社会主義がないのか」という、一九〇六年にヴェルナー・ゾンバルトによって提起された問いについて考える方が、より大きな助けとなるかもしれない。それ以来同じ問いは時事評論家によって繰り返し出されてきたのだが、三〇年代には、社会主義という大敵に言及しながら、「アメリカ合衆国にはなぜファシズムがないのか」と問われた。いずれの場合も答えは同じであった。すなわち、アメリカ人は階級意識をもっていないので、社会主義もファシズムも定着することができない、というものである。ヨーロッパでは、階級意識が両方の運動の背後にある駆動力であった。一九世紀には、社会主義が労働者階級の政治的信条になり、二〇世紀には、ファシズムとナチズムが社会主義および資本主義に対する中産階級の反乱として出現した。それらの独創的な革新は、自分たちを階級を超越したものだと宣言したことにあり、この転換によって、それらは大衆にアピールし、「旧式の」社会主義を単一の階級の狭い利害に奉仕するものだと中傷することができたのである。

われわれが繰り返し見たように、ファシズムとナチズムは、その大衆操作技術の駆使において「アメリカ的なもの」だった。われわれは今、それらは無階級性というイデオロギーにおいてもまたアメリカ的なものだったと言うことができる。ファシズムやナチズムを権力につけるために必要だった政治的・心理的・カリスマ的跳躍は、一世紀前、アンドリュー・ジャクソン下のアメリカにおいてなされていた。無階級性を実践的に一つの市民宗教として確立することによって、である。ファシズムとナチズムは、それらが階級なき民族共同体の創造をめざした点で、ヨーロッパ大陸を近代化しアメリカの水準に引き上げようとする企てと見なすことができる。しかし、逆向きの影響もまたあった。ニューディールは、その社会福祉システムの採用において、言ってみれば、五〇年前にヨーロッパにおいて、そして真っ先にドイツで、生じていた転換を成し遂げたのである。大いなる交換《スワップ》が生じたと推測したい気になる。すなわち、ファシスト・ヨーロッパが、階級がないというアメリカ人の信仰を乗っ取る一方で、ニューディール・アメリカは、ヨーロッパの経済的・社会的秩序の主要な要素を輸入したのである。

このイメージを広げるために、こう言ってもよいだろう。三〇年代以前のヨーロッパとアメリカはそれぞれ、近代的大衆社会を創造するのに必要だったものの半分しかもっていなかったのだ、と。ヨーロッパは社会福祉国家をもっていたが、階級闘争のぬかるみにはまり込んだままであった。アメリカは中産階級的な平安をもっていたが、社会的支援のシステムはもたなかった。大恐慌の危機は、どちらのイデオロギーも社会をまとめるのに十分でないことをはっきりさせた。ヨーロッパでは、階級闘争と階級意識のしつこい持続が大きな社会的摩擦を引き起こしたが、他方、アメリカ合衆国では、潤滑油となる福祉・国家統制の欠如が、まったく同じ事態を招いた。しかし、ヨーロッパにおけるファシズムの押しつけは暴力によってしか達成されなかったが、他方、アメリカにおける国家統制の受容は平和的に成し遂げられた。この違いもまた、階級の問題によって説明できよう。ファシズムとナチズムは、階級なき民族共同体とイタリア国家という自分たちのヴァージョンを樹立するために、階級意識の強力なインフラストラクチャー、すなわち政党、政治化した労働組合、教会、そして、広範囲にイデオロギー化された文化と世論の領域を破壊せねばならなかった。アメリカでは、階級意識およびその社会的・政治的・文化的諸制度が存在しなかったために、組織されていない市民の集合たる諸個人に対して、権威ある「あなたと私」大統領によって代表される国家の行動は彼や彼女の個人的な利益のために企てられているのだと、比較的容易に説得することができた。

　ファシストとナチスの路線に沿った全体主義的な福祉国家か、それとも、ローズヴェルトの自由主義的な変種か——国家統制のいずれの体制がグローバルな舞台で勝利するかを決定したのは、第二次世界大戦であった。戦争の結果が証明したように、ファシズムやナチズムの道を通って近代化しようとする古いヨーロッパの努力は失敗した。勝者はアメリカであった。しかし、それは、かつてアレクサンドロスの帝国とローマ帝国がそうしたのと大いに似て、打ち負かした敵の文化の主要部分を同化吸収することによってのみ、その顕著な特徴となった安定を達成したアメリカであった。合衆国とヨーロッパにまたがるトランス・アトランティックな「西洋」を創出した戦後の偉大な総合は、一九三〇年代の「スワップによる」相互受胎なしには不可能であっただろう。そしてそれは、戦争前にカール・マンハイムが陰鬱に予言したように、全体主義モデルの影響の広がりを含んでいた。

　西洋諸国は、普遍的安全——景気循環の管理——という根本的問題を取り上げたとたんに、独裁国家が初めから行ったように、しだいに、ありとあらゆる社会的統制を弄するはめになる。……［全体主義］諸国との競争は、民主主義諸国に対して、それらの方法の少なくともいくつかを利用するように強いるのである。[2]

　二つの体制のうちどちらが戦後の西洋により多く貢献したかは明白だと思われる。たしかに一見すると、アメリカが支配的な影響力を行使したように見える——とりわけ、ファシズム／ナチズムという「学校」を通り抜けた国々において。しかしながら、アメリカン・ウェイ・オブ・ライフがドイツとイタリアで、たとえばイギリスやフランスにおけるよりも、いっそう完全に、より抵抗なく採用されたという事実は、ファシズムそれ自体がこの再教育のための一種の予備訓練であったかもしれないということを示唆している。

　ヨーロッパは、一九四五年の敗北とそれに続く世界の中心からの離脱以来、アメリカの後見によって保護された、裕福な年金生活者の快適な状況にあった。アメリカ合衆国にとってつねに軍事的脅威であった大陸は、平和主義のオアシスに転換した。他方で、このヨーロッパという「スイス」の安全のための責任を引き受けたとき、アメリカ自身の役割は根本的に変化した。ヴェルナー・ゾンバルトの言葉を借りれば、合衆国は商人から戦士へと変容したのである。

ゾンバルトが第一次大戦中に、商人的イギリスと好戦的ドイツを区別するためにこのタームを用いたとき、合衆国を戦士の国と見る発想など思いもよらなかった。アメリカのナショナル・アイデンティティの柱の一つは、セオドア・ローズヴェルトのような人物には失礼ながら、合衆国は軍国主義的なヨーロッパと違って平和を好む商人の共和国だという確信であった。この自己イメージは、冷戦の四〇年の間にほとんど合図もなくひっくり返った。ただ、そのことが公式に承認されたのは、まさに予防戦争という新しい教義と二〇〇三年イラクにおけるその実行をもってであった。ドイツ——過去の軍国主義的怪物、二つの世界大戦でのアメリカの敵、そして一九四五年以後の最も忠実な同盟国——がイラク侵略への参加を拒絶したことは、役回りの交代を誰の目にも明らかにした。ゾンバルトの商人／戦士という二分法のアメリカ版もまた役どころを入れ替えたのである。すなわち、アメリカは軍神マルスという合言葉のもと、自信に満ちて積極的に行動することによって、快楽主義的な美神ウェヌスの統治下に落ちた「退廃的な」ヨーロッパから距離をおき、必要ならば手を切る、と。

そのような変化した現実を背景とすれば、フリンが彼の敵ローズヴェルトのレジームについて行った予言は、今日、一九四四年よりもいっそう適切な響きをもっている。彼が挙げた理由——福祉国家の創造と維持のコスト——がもはや関係ないとしても。彼は『行進していくように』でこう書いた。「われわれは敵をもたねばならない」、「それはわれわれにとって経済的必要になるだろう」と。

訳者あとがき

1

本書は、Wolfgang Schivelbusch, *Entfernte Verwandtschaft. Faschismus, Nationalsozialismus, New Deal 1933–1939*, München 2005 の全訳である。底本としては、Lizenzausgabe（出版許可取得版）として二〇〇八年に Fischer Taschenbuch Verlag から再版されたものを利用した。この間、二〇〇六年に英訳（*Three New Deals*）が出版されている。英訳者は、シヴェルブシュの前作『敗北の文化』と同様、ドイツ文学者のジェファーソン・チェイス（Jefferson Chase）で、この英語版は翌二〇〇七年にペーパーバック版としても出版されている。原著ドイツ語版の正題は「遠い親戚」の意だが、本邦訳の正題は「三つの新体制」とした。

英語版とドイツ語版との間には異同もある。ドイツ語版では注になっていた部分を本文に移動させてあったり、その逆もある。若干の加筆・削除もなされ、とくに序章の一部とエピローグの大半では大きく加筆されている。こうした本文と注の入れ替え、加筆などは、前著『敗北の文化』の邦訳者も推測しているように、著者と英訳者の共同作業によるものと思われ、英訳全体としては忠実な訳となっているが、ドイツ語版でわかりにくい箇所や曖昧な表現が平易に言い換えられている。ドイツ語版（フィッシャー版）を底本とした本邦訳は、英語版を適宜参照し、その箇所は限られているものの部分的には英語版から訳出した。また、エピローグ末尾の、ドイツ語版にはない部分を終章に続けてそのまま採用した（その理由は後に述べる）。なお、ドイツ語版の場合、同時代史料からの引用には著者の要約引用も一部含まれているが、英語版では元の文献通りの引用となっている。本書は、専門家向けの厳格な学術書ではなく広い読者を想定した文化史の作品なので、引用箇所の訳文は、論旨の鮮明さという長所をとって例外を除きドイツ語版から翻訳した。

なお、〔 〕は著者による補足、［ ］は訳者による補足や訳注を示す。本文中の＊はドイツ語版に付された注釈である。

2

シヴェルブシュは日本ではお馴染みの文化史家であり、彼の著書の大半はすでに邦訳されている。それらは以下の通りである。

- 『鉄道旅行の歴史』（加藤二郎訳、法政大学出版局、一九八二年、原著一九七七年）
- 『楽園・味覚・理性』（福本義憲訳、法政大学出版局、一九八八年、原著一九八〇年）
- 『知識人の黄昏』（初見基訳、法政大学出版局、一九九〇年、原著一九八二年）
- 『闇をひらく光』（小川さくえ訳、法政大学出版局、一九八八年、原著一九八三年）
- 『図書館炎上』（福本義憲訳、法政大学出版局、一九九二年、原著一九八八年）

・『光と影のドラマトゥルギー』(小川さくえ訳、法政大学出版局、一九九七年、原著一九九二年)
・『ベルリン文化戦争』(福本義憲訳、法政大学出版局、二〇〇〇年、原著一九九五年)
・『敗北の文化』(福本義憲・高本教之・白木和美訳、法政大学出版局、二〇〇七年、原著二〇〇一年)

これらのタイトルを一瞥しただけでわかるように、シヴェルブシュがこれまで取り上げてきた問題は、技術の発展が人間に与えた影響、知識人論、記憶の問題など非常に多岐にわたっている。彼はこれまで、二〇〇三年のハインリヒ・マン賞をはじめとしていくつかの賞を受けてきたが、二〇一三年にはハンブルク市からレッシング賞を授与された(ちなみに、これまでの受賞者にはハンナ・アーレントがいる)。その理由としてハンブルク文化相は、次のように述べている。「ヴォルフガング・シヴェルブシュは、これまで何度も新しい、型にはまらないやり方で歴史を描き出し、読者に現在の新たな理解の仕方を提示してきた」。

このようなシヴェルブシュが初めて本格的に政治体制(レジーム)の問題に取り組んだ成果が本書である。従来一般には真逆の体制と見られてきた、フランクリン・ローズヴェルト下アメリカの自由主義・民主主義体制と、ナチズムおよびファシズム(=全体主義)を取り上げ、これらの類縁関係を多様な側面から探ろうとする。カリスマの問題、プロパガンダの手法、また三つの体制におけるシンボル的な大建造物などの比較を通して、その類似点を浮き彫りにしていく。

『敗北の文化』の「訳者あとがき」では、シヴェルブシュの魅力として「構想の大胆さとディテールの豊かさ」が指摘されているが、こうした彼の魅力は本書でもいかんなく発揮されていると言えるだろう。

3

シヴェルブシュはどのような問題関心から、一九三〇年代の三つの新体制の比較に取り組んだのであろうか。彼は序章で、本書執筆の一つの理由をこう述べている。ニューディールとナチズムを比較しその類縁性を論じたジョン・A・ギャラティの一九七三年の論文「ニューディール、ナチズム、大不況」が無視され、その重要な問題提起が今日にいたるまで後続の研究の刺激となっていないという驚くべき損失に対して一石を投じるためだ、と。

しかし、これは表向きの、ないしは研究史上の理由づけであり、著者の真の動機は別のところにあると推察される。三〇年以上前のギャラティの論文を枕詞にして著者にペンを執らせたのは、まったく現代的な問題関心、とりわけ二〇〇一年の九・一一後のアメリカの政治・社会に対する批判である。シヴェルブシュは一九七〇年代からニューヨークに居住しているが、二〇〇八年一二月初め（本書のフィッシャー版出版の年、そしてリーマン・ショックの数カ月後）にドイツで行われたあるインタヴューで、なぜニューヨークで生活しているのかとの問いに、こう答えている。二五階の仕事部屋から金融街を眺めていると、「帝国のリアルな権力中枢、フランクフルトの金融街のような小さな支部ではなく、本家本元の総本山の近くにいる」という感覚をもつ。「ブッシュ以来私はこの国を、対外的抑圧や国内での民族殺戮は伴わない、一種のソフトな、民主主義的なファシズムとして、諸々の対立を目に見えなくする、すべてを封殺するコンフォーミズムとして、体験している」と。

この「帝国のリアルな権力中枢」の間近で、著者は（癒しがたい傷を負ったポスト・ベトナムのアメリカ社会の観察に続いて）九・一一とそれへのリアクションをつぶさに体験した。民主主義や人権を国際政治の武器ともする当のアメリカで、当時その民主主義や人権は、不確かな敵への先制攻撃としての戦争に、異論を抑圧しつつ国を挙げて熱狂的に突き進むのを阻止するなんの歯止めともならなかった。このことはわれわれの脳裏に焼き付いたが、シヴェルブシュもそうであったに違いない。その体験は『敗北の文化』（ドイツ語初版二〇〇一年）の英語版およびドイツ語再版（いずれも二〇〇三年）に加筆された短い終章に反映されており、本書はこの終章（「倒れる、そして崩壊」）から直接つながる位置にあると言えよう。そのことを示すのは、本書英語版エピローグに加筆された部分であり、われわれ邦訳者たちがその部分を終章にそのまま採用したのは、それがシヴェルブシュの本書執筆の現代的な問題関心・動機を示しているからにほかならない。

『敗北の文化』の終章でシヴェルブシュは、ソヴィエト帝国の崩壊、四〇年に及ぶ冷戦の終焉がもたらした最大の変化は、総力戦としての近代戦争（冷戦も戦火を交えないだけで同じ）の物資供給の役割に甘んじていた経済が、国家に奉仕する日陰の存在から解放され、自力で行動する権力の座についたことだと指摘している。その現れが一九九〇年代のカジノ資本主義的な陶酔感であり、グローバリゼーションのいっそうの進展である。経済は神、国家《ネイション》、ユートピアへの信仰が消滅した後、それらがかつて占めていた領域に進出し最後の審級となった（言うまでもなく環境破壊と雇用の破壊という二重の脅威を伴いつつ）。九・一一のテロによる攻撃の的に選ばれた世界貿易センター（ＷＴＣ）は、まさにこのようなグローバル資本主義のシンボル、「商人の総本部」であった。ここで言う「商人」とは、第一次大戦時にゾンバルトが英雄的戦士（ドイツ）に対置した「商人」である。その瓦礫の物量的巨大さはそのまま、倒すべき世界のシンボルにツインタワーを選んだ憎悪の巨大さを表していた。アメリカはただちに国民世論を動員して最大級の軍事的報復へと向かったが、現代のテクノロジーを熟知したエンジニア・テロリストの匿名性と現代性をもった作戦、無定義で明確な地域をもたない敵に対して、今なお伝統的な反応しかなしえず、イラクをテロの代理国家と宣言して予防的軍事行動（ブッシュ・ドクトリン）を開始した。

シヴェルブシュは、九・一一テロとアメリカのリアクションをこのように捉えている。そして、このリアクションと、三〇年前にベトコン・ゲリラとの不毛な戦いに憔悴して北ベトナムに照準を合わせたこととの類似性、ブッシュ・ドクトリンと反共ドミノ理論との不気味な相似性を指摘し、ポスト九・一一のアメリカの戦争熱に、レーガン時代の軍備増強の中でうやむやにされ抑圧されていたアメリカのポスト・ベトナム自意識（アメリカ大使館の屋根からのヘリコプターによる逃亡シーンが象徴する恥辱の敗北）の一部が図らずも露呈していると示唆している。

ところで、この『敗北の文化』終章では、アメリカについて、冷戦終結後のグローバル資本主義の「総本山」「商人」としての性格が強調され、九・一一以後ブッシュ・ドクトリンとともに好戦的国家になったと、その質的な展開が指摘されていた。本書英語版のエピローグでも、第二次大戦後のヨーロッパとアメリカの関係やとくにポスト九・一一のアメリカの国際政治的な新しい段階が、機知に富んだ筆致で述べられている。アメリカの「商人」から「戦士」への変容は冷戦の四〇年間にほとんど合図もなくなされていたことだとされ、「予防戦争という新しい教義と二〇〇三年のイラクにおけるその実行」「イラク侵略」は、この変容の公式の承認だと見なされている。ちなみに、昨年夏に八二歳で他界したドイツ社会史の旗手ハンス＝ウルリヒ・ヴェーラーも、イラク戦争を「予防戦争」として批判した。

4

本書は、以上のようなまったく現代的な政治・社会批評の問題関心から取り組まれた一九三〇年代の三つの新体制の比較の試みだが、言うまでもなく歴史家として著者は、そうした関心をいきなり過去に投影したりはしない。何と言っても本書の面白さは、三つの新体制の比較が最新の研究史を踏まえながら、一九世紀末葉から一九三〇年代にかけての時代の歴史的・文化的・心理的なコンテクストにしっかりと即してなされるところにある。「当時の経験の地平は一九四五年ではなく、世界経済恐慌が始まった一九二九年であった」(一〇頁)。それぞれ互いを意識し共振する部分のあった三つの新体制の政策は、同時代のスターリンのソ連建設(独裁的指導者の正当化のあり方が、人民投票的に正当化された三つの新体制とは決定的に異なる)とも密接に関係づけられており、これら四つのレジームの「心理的・文化的連関」が描かれている。この点で、二〇世紀最後の一〇年あたりからその重要性が強調されているトランスナショナルな歴史叙述となっている。そして随所で、同時代の社会科学の専門家・歴史家や評論家や新聞雑誌、政策の担い手たち、フォードのような時代を象徴する人物の発言や構想を引きつつ、激動の時代を内側から生き生きと描く。まず、著者の比較についての意図を確認した上で、本書の興味深い点・脈絡をいくつか取り出しておこう。

著者は、英語版序章に加筆した部分でも、三つの新体制を比較し共通性を認めることは、それらを同一視することではないと改めて断りつつ、次のように述べている。陣営を問わず同時代の評論家たちや政治学者や経済学者によって、ニューディールとファシズムの多くの共通性は認められていた。だが、アメリカの参戦と連合国の勝利によって、ニューディールとファシズム・ナチズムの共通の根についての記憶は抑圧され、戦後アメリカは自由民主主義的福祉国家の汚れなき起源という神話を享受してきたし、ローズヴェルトはヒトラー、ムッソリーニ、スターリンと並べられることなく、死後に、「悪の勢力と戦って勝利した自由民主主義の聖人」になった、と。しかし、今こそ再考の機が熟したとして、著者は、三つの新体制すべてが、平等に扱われているという感覚、保護と安全を享受しているという感覚、階級なき新しい国民共同体、強力な指導者の注意深いまなざしのもとで皆が他者の福祉に配慮する平等主義的共同体としてのネイション、という人びとを魅了した幻想から利益を得たことを指摘している。

さて、三つの体制の比較の軸となっているのはニューディールである。ニューディールは試行錯誤的で、多面的・矛盾的な性格をもち、多くの場合、三つの段階に区別されている。一九三三―三四年の第一期、三五年からの第二期、三七年の景気後退をへて仕切り直された第三期、というように。このうち、民主主義の枠組みの中で労働者の団結権・団体交渉権保護や公的社会保障制度の導入（一九三五年のワグナー法と社会保障法）へと進んだ第二期が、ファシズムやナチズムとは対照的な「ニューディール」イメージの核をなしてきたと言えよう。これに対して、著者は、第二期を軽視してはいない（終章参照）が、とくに第一期（とりわけその初期局面）を中心に、また、戦時体制化が進み参戦によってこそ経済回復を果たすことになる第三期を視野に入れて論を展開している。

このような枠組みで著者は、同時代の観察者たちや当のニューディール政策の担い手たちが、いかにニューディールとファシズムを親和的・類似的なものと捉えていたかを引証しつつ、類似性を詳細に明らかにしていく。以下、最も興味深い点を挙げてみよう。

第一に、大恐慌に発する深刻な危機の中で、一九三〇年代には自由主義を捨て去ることによって経済・社会・国民の再建・再生を果たそうとする覚悟が自由主義陣営にいたるまでいかに拡がっていたかが描かれる。ソ連の計画経済が一転、別の光の中に現れ、ファシズムのコーポラティズムが魅力的なモデルとして注目を集めた。陣営を問わず多くの知識人、専門家がファシズムに注目し、国家を国民全体のために資本を抑制する効果的な統制機関と見なした（ちなみに、これは欧米だけでなく、わが国の近衛新体制のブレーンたちにおいても同様であった。マイルズ・フレッチャー、竹内洋・井上義和訳『知識人とファシズム』柏書房、二〇一一年を参照）。著者が挙げている例以外にも、ドイツでは、ヒトラーの権力掌握の翌年その転覆の企ての核となる「保守革命」の思想家エトガー・J・ユングや、後に対ナチ抵抗に向かう「秩序自由主義」の経済学者エルヴィン・ベッケラートにしてもそうであった。始動したローズヴェルト政権は、当のファシズムのジャーナリズムを筆頭に、陣営を問わず欧米の様々な同時代人からファシズムと同一視され、また、ナチズムからも彼らの経済社会政策・統治スタイルと同じだと歓迎されたのである。ローズヴェルト自身もファシズムへの注視・共感を表明した（一九三〇年代半ばに転換、三七年に全体主義諸国への反対声明によって対外政策を公式に再定義する）。

第二に、こうした「資本からの解放」の運動、ポスト自由主義的動きは、一八九〇年頃から第一次大戦前までのレッセ＝フェール資本主義の失敗に対する抵抗・改革運動と関連づけられ、三つの新体制はいずれもこの延長に位置づけられる。歴史学に携わる者の視点から見て本書で最も印象的なのは、一九世紀末葉から一九三〇年代までを一つながりの時代として捉え、この時代のコンテクストの中に三つの新体制（個々の領域での類似性・共通性）を俯瞰的に位置づけて論じていることである。

もちろん、一九世紀末葉とナチズムを関連づけて論じるのは、ドイツでは早くから常道であった。しかし、モッセ、ゾントハイマー、スターンなどの一九六〇年代の仕事や、その後のドイツ社会史学派の「特有の道」論（西欧先進国でドイツだけがナチズムの支配にいたったのは前近代的構造・価値観が残存していたためだと見る）の展開の中では、ながらく〈民主主義的近代〉に逆行する「反近代」のうねりが問題にされてきたのであり、その影響は今なおわが国でも残っていないわけではない。

これに対して本書は、そうした旧来の見方を明確に退けつつ、一九世紀末から第一次大戦前の改革運動の時代、第一次大戦、一九二〇年代、大恐慌以後、三〇年代半ばの転換という局面を区別しながら、どのレジームにも見られる以前の構想への遡り、部分的な実現や軌道修正、局面変化に伴う再定義、新展開を鮮やかに描いていく（たとえば、一九世紀末の入植運動やハワードの「田園都市構想」以来の居住・入植・都市計画についての展開の整理は明快である）。ファシズム・ナチズムばかりかニューディールについても、「一八九〇―一九一〇年の時期に直接結びつく線」が明瞭だと言明され（九七頁）、プラグマティズム哲学、革新主義、第一次大戦、ニューディールの思想的・人的・政策的なつながりが浮き彫りにされている。このつながりの指摘それ自体は新しいことではないが、プラグマティズムや革新主義の影響を受けた当時の学者たちや、フォードやGE社社長スウォープのような経済人、若いときに革新主義の本質的影響を受けた大統領ローズヴェルトとそのブレーンたちといった政治家などの発言・構想を通じて、生き生きと説得的に描かれており、社会思想的にきわめて興味深い論点の呈示となっている。

第三に、右のように一つながりと捉えられた時代の中でも、ファシズムとナチズムに関してだけでなく、ニューディールについても直接的な前史として重視されるのは第一次大戦である。すなわち、ニューディールの政策理念や指導的担い手の「貯水池」をなすのは、一八九〇年代に一つの潮流となった革新主義であり、その革新主義者たちはたいてい、「社会主義」概念が転換した（階級ではなくフォルクの救済へ）世紀転換期頃に、プロイセン・ドイツにおける「技術・経済・政治の科学化」とミリタリズムから学んでいた。強欲・腐敗・享楽的通俗文化への怒りから社会・経済・国民の根本的刷新を期した彼らは、第一次大戦への参戦をそのチャンスと見たのだが、その彼らが挫折をへて一九二九年の崩壊の中に「第二のチャンス」を見てふたたび結集したと捉えられる。

このプロセスで第一次大戦の経済官僚や専門家の影響力が増し、テクノクラート的な国家統制主義の構想や社会計画が盛んになっていったのだが、それはドイツでもまったく同様であった。ドイツの戦時経済を組織したのはラーテナウとメレンドルフという技術者的資本家およびエンジニアであった。彼らの「共同経済」構想は戦後初期に重要な役割を果たし、メレンドルフは恐慌後ワイマル末期の危機乗り切りの大統領政府（第二次ブリューニングおよびシュライヒャー内閣）の経済大臣として取りざたされ（本人が拒絶）、ラーテナウの「経済自治」構想は軍需大臣トットとシュペーアのもとで採用された（小野『テクノクラートの世界とナチズム』ミネルヴァ書房、一九九六年）。各種専門家やテクノクラートの自己実現的な自発的動員なしにナチ体制もニューディールも語れないであろう。

第四に、著者は右の一つながりの時代の内容的な特質、とりもなおさず三つの新体制の背景ないし共通の深い根を、「地域の再発見」「有機的なるものの再発見」「人間的な」生活の回復への希求としてつかみ出す。そのようなうねりは、急速な工業化・都市化の諸矛盾が吹き出した世紀転換期に各国で展開した種々の市民的改革運動に始まる。それは生活改革運動、入植運動、教育改革運動、土地改革運動、田園都市運動、自然保護運動などからなるが、いまだ総括的呼称は与えられていない。従来たいていはその反近代的ないし反動的な性格が強調されてきた。しかし、「ナチズムと近代（化）」の論争をへて、個別領域での研究が進んだ一九九〇年代後半以後、近代化の拒絶や反動的な資本主義批判ではなく、オルタナティヴな近代性を模索した運動と見なされるようになっている。シヴェルブシュもこの流れを踏まえて、そうした諸運動を「相対的に快適な状態で工業化［の諸悪］に悩んだ」「贅沢な改革」の試みと括り、三〇年代の改革構想との段階的な違いを巧みに捉えている。彼はその特質を、過ぎ去ったものによる霊感という回り道をへたより良い未来への模索、「回顧を通じての出発運動」と見て、そうした希求が反動的だと言うなら、ヨーロッパの進歩的と自認したエリートはみな反動だったのだ、マルクスその人も、と述べるのである。

このような観点から、資本主義システム自体の崩壊に直面して切羽詰まり、今や土地が魔術的・根源的意義を帯びるという共通の状況の中で展開された三つの体制における自給自足入植、工業分散化、新しい地域主義の構想が描かれる。めざされたのは、危機に強い経済であり、それは同時に、「機械的」で人びとに疎遠な自由主義時代の国民国家を有機的・安定的な基盤の上で人民のものに再生させることであった。

この関連で、ＴＶＡダムが生み出す電気の社会心理的意味（「分散化」を可能にし文明的後進性の代償を払わずに「有機的なるもの」「人間的な諸関係」を取り戻す技術）や、自然と技術の融和を掲げて国土の審美的近代化をめざした第三帝国のアウトバーン建設の社会思想的含意が、「完成された理想郷」を展望する人間・自然・技術の「ネオ・サン＝シモン的総合」というところにあったと指摘される。ここにも技術者や進歩的専門家がまさに先端技術を駆使した社会ユートピアを描いた時代の特徴が見事に捉えられている。

第五に、本書の重要な部分を占めるのは、三つの全体主義的ないしそうした側面をもつ新体制の決定的な共通性、すなわち独裁的・カリスマ的指導者と国民の人民投票的な循環・感応関係、およびこの関係を演出し維持する様々なプロパガンダ（狭義のそれにとどまらない）の描写である。著者は、一九一七年の参戦に際しての反戦勢力の徹底的な統制・抑圧からしてアメリカこそ全体主義独裁の初演国で、レーニンはウィルソンの注意深い弟子だったと言えるかもしれないと皮肉りながら、ニューディールに関しても、実質的な脅しをもって大統領の政策への支持の明示を企業家に迫った青鷲キャンペーンに典型的なように、世論の統制と操作・抑圧的画一化とマスコミの側での自発的迎合、自己検閲（自粛）といった全体主義の様相を浮き彫りにする。ナチス・ドイツの「冬期救済事業」「一鍋運動」とまったく同様に、「強制された自発性」「参加による動員」「共同体体験」が演出されたのである。

著者は、その前任者たちと違いローズヴェルトやヒトラーが傑出していたのは、「ドラマ、スペクタクル、鳴り響くファンファーレ、大衆に感情移入する煽動を演出する能力」（八九頁）だったとして、この上なく対極的だと思われてきた二人における共通性、つまり、（国家の関係諸機関による周到な調査に基づく）世間に漂う気分への鋭い嗅覚と大衆との「電気的結合」の能力、プロパガンダと国家権力行使の演劇的技巧・劇場性を生き生きと描いている。その際、アメリカとヨーロッパにおける文化的・技術的発展レベルの相違に規定された違いも指摘される。主婦層にラジオという娯楽文化が定着し「ソープ・オペラ」というジャンルが確立していたアメリカでは、聴衆の間にローズヴェルトの「炉辺談話」を受け入れる心理文化が存在した。他方、ドイツ（とイタリア）では指導者が家庭の中に入り込んでいくアメリカ的「親密性」とは違い、「ライブ」の大衆集会が不可欠だったのである。

ところで、第六に、著者はラジオや新聞、大衆集会だけでなく、三つの体制がそれによって自らをシンボライズした巨大建築や、余暇の組織化・娯楽の提供もこのプロパガンダに含めて論じている。アグロ・ポンティーノ湿原の干拓と新都市の建設、ＴＶＡのダム建設およびアウトバーンという壮大な建築に即して、プロパガンダにおけるシンボルの力、それぞれの体制にとってのその意義を描いた部分は、本書の白眉をなす。これらの記念碑的建築物は、新体制のダイナミズム、運動性、国家の威信、復興と再生の希望、新しい未来を象徴的に具現化する「権力の建築」、強力なプロパガンダの役割をもつ「宣伝活動としての建築」であり、どれもプロパガンダによって初めて効果を発揮するメディア・プロジェクトであった。

新体制はまたいずれも、大衆を楽しませることに力を注いだ。シヴェルブシュはこれを古代以来の統治術「パンとサーカス」に類比して、「プロパガンダとサーカス」と総括している（ただし、ナチスは「パン」も提供した。また、どの体制も「パン」の安定的提供のため戦争を必要としたという「驚くべき類似性」も指摘される）。どの体制においてもプロパガンダの目的は、厳しい経済的現実を巧妙に隠蔽する「幸福感ファクター」の魔法の呼び出しにあった。ドーポラヴォーロと歓喜力行団（ＫＤＦ）、「ニューディール風景」（公的スポーツ広場、プール、海浜施設、レクリエーション公園）、アウトバーン建設とパークウェイの拡充に示されるように、三つの体制には、人間の快感欲望を刺激し眩暈状態を創り出す装置・施設において顕著な類似性があった。この点で、第三帝国も「牢獄というよりも、ＫＤＦによって建設され、とりわけアウトバーンによってまとめ上げられた大きな余暇施設」（一五二頁）だったのである。

以上のように、ニューディールを主軸にして三つの体制が比較されることによって、ニューディールの二つの全体主義体制との顕著な共通性が浮き彫りにされると同時に、ファシズムやナチズムのアメリカ的な側面も指摘されている。両者はその大衆操作技術の駆使においても、階級なき民族共同体というイデオロギー（無階級性というアメリカの「市民宗教」）においてもアメリカ的であり、ヨーロッパ社会のアメリカ的近代化をめざしたのだ、と。実際、第二次大戦後のヨーロッパでイタリアとドイツこそアメリカン・ウェイ・オブ・ライフを模範的に実現したことからすれば、ファシズムとナチズムは、執拗な階級社会を平準化し、快感中枢が刺激されクラクラする大衆消費社会を演出した「予備訓練」「学校」だった。他方、戦後アメリカの安定要因たる福祉制度はヨーロッパ発であり、この「スワップ」による「相互受胎」には「全体主義モデルの広がり」が付随していた。こうしてヨーロッパ（ドイツとイタリア）は、敗者といえども、戦後の西洋社会への貢献はむしろアメリカ（ニューディール）より大きいのではないかと、シヴェルブシュは皮肉る。

このような皮肉には、イラク戦争に対する「古いヨーロッパ」の消極的姿勢を非難したアメリカへの批判が込められているだけでなく、冒頭で記したような著者のアメリカ社会ひいては先進国諸社会の「民主主義」に対する問題意識が反映していよう。著者は、その安定の実際的な基盤について端的な指摘をしている。本書でも一九二〇年代および五〇―九〇年代の西側社会の安定は自由のスローガンのおかげではなく、物質的豊かさのおかげだとしているが（八九―九〇頁）、冒頭に触れたものと同時期の別のインタヴューでも、民主主義とは一九世紀以来の西欧の巨大な富によって（階級闘争的に言うなら第三世界の搾取によって）可能にされた「豊かさの所産」（Wohlfahrtsprodukt）だと指摘する。安定の現実的基盤が深刻に動揺する時期には、人びとの理性に訴えかけるリベラルな言論は力をもたず、「情緒的カード」に賭ける動きが高まり、「民主主義」は諸刃の剣となりうるし、制度としての民主主義は保持されても「民主主義的ファシズム」「民主主義的コンフォーミズム」が拡がりうるのである。

ポスト九・一一の新しい世界を再考の機として、三つの新体制を比較した本書は、ファシズム・ナチズム対ニューディールという世間の常識を超えて、危機の時代に自由民主主義と全体主義ないしは非リベラルな「民主主義」とがいかに地続きであるかということを改めて鮮明にした。しばしば戦前の時代を想起させる状況だと指摘される昨今、本書はわれわれにとってもアクチュアリティをもっている。三つの体制に共通する「時代精神」たる地域の再発見、「有機的なるもの」への回帰にしても、今日——とくに東日本大震災以降——地域への関心の高まり、高学歴層における無機的で人間関係の空疎な都会から真の豊かさを求めての地方移住の動きが報じられるように、改めて現実的な問題として提起されている。三つの体制の時代の「世界史的な潮目の転換」によって移行した資本主義的福祉国家にしても大きなターニングポイントに逢着していることとあわせて、「古典的近代」(デートレフ・ポイカート)の教訓はつきないのである。

5

翻訳は前半(序章、第1、第2、第3章)を原田が、後半(第4、第5、終章)を小野が担当した。訳稿を交換し、訳文の確定や訳語の統一のための協議をへて完成させたが、ドイツを専門とする訳者たちは、イタリア・ファシズムやニューディールについて思わぬ間違いを犯しているかもしれない。ご指摘いただければ幸いである。なお、注におけるフランス語引用部分の翻訳については、原田の同僚、曽我千亜紀さんにいろいろとご教示いただいた。

Moderne の訳語には「近代」を当てた。この「近代」は歴史学で通常用いられる古代、中世、近世、近代、現代といった時代区分とは別の広い概念である。本書にも登場する一九二九年に開館された現代美術・現代デザインの美術館ＭｏＭＡが、「ニューヨーク近代美術館」と、またライト、コルビュジエ、ミース・ファン・デア・ローエなどの建築が「近代建築」と呼び習わされているように。本書は建築を比較の重要な切り口としているが、ジョン・ピーター『近代建築の証言』（小川次郎・小山光・繁昌朗訳、ＴＯＴＯ出版、二〇〇一年）という、右の三大巨匠を含む五九人の著名な建築家へのインタヴューで構成された作品の訳者たちも、登場する建築家たちの用いる「モダン」概念の幅広さ、奥深さ（近代以前の時代と区別され、かつ現在に連続する時代、あるいはモダニズム建築を意味する場合まで）に注意を促している。また、その「訳者あとがき」から、ポイカートが美学から借用してワイマル末期の危機の分析に用いた「古典的Moderne」という概念が建築分野でも、（世紀転換期あたりから）ＭｏＭＡにおいて「国際様式」展（本書でも三頁で言及）が開催された一九三二年を頂点とする特定の時代を指す概念であることを教わった。

本書の邦訳が日の目をみたのは、訳者たちの提案を受け止め、本書の面白さと意義を理解してくださった名古屋大学出版会の編集部長橘宗吾氏のおかげである。氏が訳稿を丁寧に読んで多くの有益な指摘をしてくださったのに加え、同会編集部の三原大地氏は驚嘆するほど綿密な文章チェックをしてくださった。お二人に心からの感謝を申し上げる次第である。

二〇一五年一月一七日　阪神淡路大震災二〇年の日に

訳　者

《訳者略歴》

小野清美《おのきよみ》

1948 年生まれ。名古屋大学大学院法学研究科博士課程中途退学，名古屋大学法学部助手などを経て，大阪大学名誉教授，博士（法学）

著訳書 『テクノクラートの世界とナチズム』（ミネルヴァ書房，1996 年）
『保守革命とナチズム』（名古屋大学出版会，2004 年）
『アウトバーンとナチズム』（ミネルヴァ書房，2013 年）
ポイカート『ワイマル共和国』（共訳，名古屋大学出版会，1993 年）
シェットラー『ナチズムと歴史家たち』（共訳，名古屋大学出版会，2001 年）他

原田一美《はらだかずみ》

1951 年生まれ。大阪大学大学院文学研究科博士課程単位取得満期退学，元大阪産業大学教授，博士（文化史学）

著訳書 『ナチ独裁下の子どもたち』（講談社，1999 年）
『ナチズムのなかの 20 世紀』（共著，柏書房，2002 年）
『白人とは何か？』（共著，刀水書房，2005 年）
ポイカート『ワイマル共和国』（共訳，名古屋大学出版会，1993 年）
ヒルバーグ『ヨーロッパ・ユダヤ人の絶滅』（共訳，柏書房，1997 年）他

三つの新体制

2015 年 4 月 30 日 初版第 1 刷発行

定価はカバーに
表示しています

訳 者 小 野 清 美
原 田 一 美

発行者 石 井 三 記

発行所 一般財団法人 名古屋大学出版会
〒 464-0814 名古屋市千種区不老町 1 名古屋大学構内
電話(052)781-5027/FAX(052)781-0697

印刷・製本 ㈱太洋社 ISBN978-4-8158-0806-8
乱丁・落丁はお取替えいたします。

人名索引

ア　行

カ　行

サ　行

タ　行

ナ　行

ハ　行

マ　行

ヤ・ラ・ワ行

事項索引

ア　行

カ　行

サ　行

タ　行

ナ　行

ハ　行

マ　行

ヤ　行

ラ・ワ行

図版一覧

注

序　章　全体主義と自由主義

（1）*Architectural Review*, Sept. 1948, S. 126. もちろん，こうした自己批判の試みは，以前からも散発的にはあった。たとえば，グロピウスは『新建築とバウハウス』（ロンドン，1935 年）において，合理的・機能的なものの強調は，本来は様式的に荒廃した建築を「浄化する」という目的のための手段にすぎなかったのに，形式の絶対化や一面化になってしまったことを認めている（zit. n. John Gloag, *Word Warfare*, London 1939, S. 55)。

（2）月刊誌『建築』（1991 年 6 月，504 頁）の無署名記事がこの雑誌編集者のブルーノ・ツェヴィの手になるものであることは，ガヴィン・スタンプ（*Architectural Review*, 9. 10. 91, S. 58）とこのシンポジウムの責任者ジョルジョ・チウッチが推測している（G. Ciucci, *Classicismo Classicismi — Architettura Europa/America 1920–1940*, Centro Internazioale di Studi di Architettura Andrea Palladio, Mailand 1995, S. 10)。ちなみに，ツェヴィは近代建築の教条主義化を示す良い例である。たしかに彼は，すでに 1950 年にも 1930 年代の新古典主義の流行を「退廃」の徴候だと見なしていたが，当時なおそれを近代建築自身の形式主義的な硬直化で説明していた（*Towards an Organic Architecture*, London 1950, S. 49)。近代建築のこのような硬直化を考えれば，いわゆるポストモダンの代表者の一人［レオン・クリエ］が全体主義非難をあっさりとひっくり返したのは不思議なことではない（「近代建築は左と右の全体主義レジームの支配的様式だった」。Leon Krier, in : *New Classicism*, Hg., A. Papadakis/H. Watson, NY 1990, S. 6)。

（3）以下のものは，1930 年代における新古典主義の歴史を，政治体制や国民的伝統，個々の建築家ごとにきめ細かく叙述しようとする最近の研究である。Giorgio Ciucci, “Linguacci classicistici negli anni trenta in Europa e in America”（in : Maurizio Vaudagna, Hg., *L'Estetica della politica—Europa e America negli anni trenta*, Rom/Bari 1989）. Ders., Hg., *Classicismo Classicismi*（s. Anm. 2）. Hartmut Frank, “Welche Sprache sprechen Steine ?”（in : ders., Hg., *Faschistische Architekturen—Planen und Bauen in Europa 1930–1945*, Hamburg 1985, S. 7–21）. Franco Borsi, *The Monumental Era—European Architecture and Design 1929–1939*, New York 1987.

（4）Louis Craig et al., *The Federal Presence : Architecture, Politics, and Symbols in U. S. Government Building*, Cambridge/Mass. 1978, S. 331.

（5）Borsi, S. 196.

（6）博覧会50周年のカタログでは，シャイヨー宮について次のように記されている。その記念碑的建築がなければ，「博覧会には，これほどの存在感も重みもなかったであろう。［シャイヨー宮は］ドイツとソ連の堂々たるパヴィリオンに対抗できる唯一のものである」（Bertrand Lemoine, “Le Palais de Chaillot”, in : *Paris 1937—Cinquantenaire de l'Exposition internationale des arts et des techniques dans la vie modern*, Paris 1987, S. 98）。

ルモワーヌは，民主主義の質を強調するために，シャイヨー宮の場所——二つの巨大パヴィリオンの間——を，ニュルンベルクのツェッペリン広場のような行進の場所と比較することによって，さらに一歩先へ進んでいる。「シャイヨー宮は，『ナチス』の記念碑でもないし，『ムッソリーニ』の記念碑でもない。それはたしかに，国家を代表する美学に迎合しているが，民主主義的・快楽主義的価値観に結びついた近代的で進歩的な倫理も伴っている。また，グローバルな経済危機という文脈の中でも理解されねばならない。この危機が，経済的に安全な港，失業時における雇用の提供者，……［そして］困窮者が最後に頼る場としての国家の役割を強化しているのである」。続けて，ナチスの行進広場との相違を強調する。「それは，動かない群衆の沈黙に満たされ，拡声器によって増幅された声が響き渡る壮大な広場ではなく，両側に開かれた場，人びとが行き交い，会話し，楽しむ場所である。空気と光，パリのざわめき，セーヌ川やエッフェル塔，シャン・ド・マルスの光景——手すりに肘で寄りかかると，これらのものを発見できる。二つのパヴィリオンの間から垣間見えるこの素晴らしい光景は，パリの風景を観賞することができる展望台，劇場を公衆に提供する。……［その風景は］つねに同じではあるが，観察者の気分や群衆の光景によって絶えず新たなものとなる」（a. a. O., S. 89）。

リベラルなイギリス人建築批評家ジョン・グローグは，シュペーアが設計した新総統官邸を，先行する近代建築の反動として描き，パリやワシントン，ロンドンの古典主義的建築にも転用可能な結論にいたっている。「壁は，障壁として再建される。それはもはや鋼鉄の骨組みの上にさっと張られた外皮ではない。中世のような厚い表皮を取り戻したのである。窓は，壁の中の穴のような印象を与える。まるで建物は初め，穴のない頑丈な箱だと考えられたかのように。それから，後から考えて，あるいは，安全上外の世界との接触が許されるときには，窓の線が引かれ，厚い石が切り開かれ，枠がはめ込まれる」。この建物の印象は「空虚な静けさ」である。グローグはこう結論づける。問題は「近代の動きからの単なる反動以上のもの」だと言わねばならない。「新しい『スタイル』を生み出そうという製図板の欲望以上のものが，これらの建物に力強さと高貴さの香りをもたらしている。……それらは，建築の新しい秩序，強さを表現する筋肉の秩序である」（*Word Warfare*, London 1939, S. 40–41）。

（7）Zit. n. Robert C. Fried, *Planning the Eternal City*, New Haven/London 1973, S. 32

(Original in : Mussolini, *Opera omnia*, Bd. 22, S. 47–48).

（8）Zit. n. Timothy J. Colton, *Moscow : Governing the Socialist Metropolis*, Cambridge/Mass. 1995, S. 280.

（9）ローマの建築へのムッソリーニの最も急進的な介入は，旧帝国と新帝国の象徴的結合として，ヴェネツィア宮殿からコロッセウムまで道路（帝国通り）を通したことであった。

（10）John W. Reps, *Monumental Washington*, Princeton 1967, S. 21.

（11）Lars Olof Larsson, *Die Neugestaltung der Reichshauptstadt : Albert Speers Generalbebauungsplan für Berlin*, Stockholm 1977, S. 116.

（12）Reps, a. a. O., S. 194.

（13）John A. Garraty, "The New Deal, National Socialism, and the Great Depression" (in : *American Historical Review*, Bd. 78, S. 907ff.).

（14）唯一のアメリカの研究は以下の二つである。Diane Ghirardo, *Building New Communities : New Deal America and Fascist Italy*, Princeton 1989. Leila Rupp, *Mobilizing Women for War : German and American Propaganda 1939–1945*, Princeton 1978. 後者は，ニューディール後の時期を扱っている。

ドイツでは，1973年にハインリヒ・アウグスト・ヴィンクラーが，合衆国における世界経済恐慌に関する論文集の編者として，「戦間期の比較考察」が望ましいと述べている。「[それは] ヨーロッパの一部でファシズム運動の成功を可能にした特殊な諸条件を見抜く力を強めるばかりか，アングロ・サクソン諸国で民主的な問題解決を好ましいものとした，異なる種類の社会的・制度的枠組への洞察力をも養うことが [できる]」と（Heinrich August Winkler, *Die große Krise in Amerika*, Göttingen 1973, S. 7)。だが，彼は独自の研究を行うことはなかった。30年後，彼の弟子の一人キラン・クラウス・パテルが，帝国労働奉仕団と民間資源保存団に関する博士論文（Kiran Klaus Patel, *Soldaten der Arbeit*, Göttingen 2003）で，この挑戦を受けて立った。1990年の未公刊修士論文は，ドイツと合衆国の雇用創出プログラムを比較している（Philipp Gassert, *Der New Deal in vergleichender Perspektive : Arbeitsbeschaffungsmaßnahmen in den USA und im 3. Reich 1932–1935*, Universität Heidelberg)。ユルゲン・コッカの比較史のパイオニア的業績（Jürgen Kocka, *Angestellte zwischen Faschismus und Demokratie : Zur politischen Sozialgeschichte der Angestellten USA 1890–1945 im internationalen Vergleich*, Göttingen 1977）は，ニューディールとナチズムのレジーム比較よりも，階層や国民に特有の社会心理学に関心を示している。

アメリカとドイツの無関心に比べれば，イタリアの研究はニューディールとファシズムの比較に非常に強い関心を示してきた。とくにマウリツィオ・ヴァウダーニャが際立っており，多数の論文と2冊の本（Maurizio Vaudagna, *Corporativismo e New Deal*, Turin 1981 と同編 *L'Estetica della politica : Europa e America negli*

anni Trenta, Rom/Bari 1987）がある。後者の論文集には，ニューディールとファシズムの比較に取り組む研究者たちの論考が収められている。ヴァウダーニャの論文の中では以下のものを挙げておこう。“Il corporativismo nel giudizio dei diplomatici americani a Roma 1930–1935”（*Studi Storici*, Bd. 3/1975, S. 764–96）; “New Deal e corporativismo nelle riviste politiche ed economiche italiane”（in : G. Spini, G. G. Migone, M. Theodori, Hg., *Italia e America dalla Grande Guerra ad oggi*, Rom 1976, S. 110–40）. ヴァウダーニャよりも前にすでにフランコ・カタラーノがファシズムとニューディールの比較を行っていたが（Franco Catalano, “New Deal e corporativismo fascista”, in : *Il movimento di liberazione in Italia*, Bd. 87/1967），その後も続けて追究することはなかった。

（15） Daniel Ritschel, “A Corporati Economy in Britain ? Capitalist planning for industrial self-government in the 1930s”（in : *English Historical Review* 1991, S. 47）.

すでに 1930 年にウィンストン・チャーチルは，議会の純粋に政治的な問題への限定と独立した経済議会の設置を提案していた。これは，オズワルド・モーズリーの伝記作者ロバート・スキデルスキがコメントしているように，「組合国家の概略」であった（Robert Skidelsky, *Oswald Mosley*, New York 1975, S. 228）。

（16） Skidelsky, S. 286.

（17） 第 3 章の「シンボルの力」の節を参照。

（18） B. Montagnon, A. Marquet, M. Déat, *Neo-Socialime ?* Paris 1933, S. 76, 79–80. ネオ社会主義者は，社会党を除名され，第三共和国の最期まで自立性をもった反ファシズム路線（人民戦線を支持）を追求し，ヴィシー政権のもとでファシズム政党となった。

ベルギーでは，アンリ・ド・マンが似たような道を歩んだ。ただし，彼は少数派ではなく自ら党を率いたという違いがある。ちなみに，彼は著書『マルクス主義の彼方に』（1926 年）の中で，社会主義は使い古された政治的な力であるという自己批判と，社会主義運動への中産階級の組み入れという要求を先取りしていた（これとネオ社会主義に関しては，以下を参照。Zeev Sternhell, *Ni droite ni gauche : L'idéologie fasciste en France*, Paris 1987, S. 156ff.）。

（19） Marcel Déat, “Socialime et fascisme”（in : *La Grande Revue*, Aug. 1933, S. 191）.

（20） マリーは，雑誌『アデルフィ』の編集者であり，1933–34 年にこの雑誌を議論のフォーラムにした（上記の引用は第 7 巻の 329 頁より）。ファシズムないしはナチズムの「理想主義と犠牲の精神」およびその政治的潜在力について，彼は次のように書いている。それは「人間の中の経済的動機を乗り越えさせることができる。どのような手段によってであれ，いったんそのような精神が国民の中で目覚めさせられれば，諸々の可能性が呼び起こされる。マルクス主義の法則は破られ始めた。……いったん国民に犠牲への意志を吹き込めば――そして，……偏見のない観察者たちの報告によれば，このことこそヒトラーがやり遂げたことであ

る——，不思議なことが起こりうる」(*Adelphi*, Bd. 6/1933, S. 245)。マリーは自分の議論を援護するためにラインホルド・ニーバーの論考（「社会主義者の新たな戦略」）を出版した。ニーバーはここで——ニューディールの実践を見て——ナショナリスティックな潜勢力を軽蔑しないよう勧めている。「合理的すぎて，国民感情が人間に関わる問題における絶えることのない力だということを理解できない，教条主義的タイプの国際主義による国民感情の蹂躙は，急進政党にとっては高くつくビジネスである」(Bd. 7, S. 199)。

(21) Karl Mannheim, *Mensch und Gesellschaft im Zeitalter des Umbaus*, Darmstadt 1958（第1版（ライデン，1935年）と加筆された英語版（ロンドン，1940年）をまとめたもの）. 最初の引用は 297-98 頁，2 番目の引用は 393-94 頁。

第1章　ファシズム，ナチズム，ニューディール

(1) もっとも，1933-35 年のこのインターナショナルは，純粋にイタリアのプロジェクトであり，歓迎はされたがあまり共感を伴わず熱狂もされないナチズムに対して，より古いファシズム勢力がその歴史的要求権と精神的優先権を確保しようとする試みであった。駆動力となったのは，いわばトロツキスト的でファシズム的な知識人であった。彼らは，レジームの官僚主義化に反発して，インターナショナルの設立から永続革命の新たな刺激を得ることを期待した。この運動の歴史を研究しているマイケル・レディーンは，大々的なプロパガンダを投入して組織されたモントルーでの国際会議を「巨大な悪ふざけ」と呼んでいる。1935 年に，モントルーで最高級の贅沢なホテルに集結したのは，「ファシストの一グループ，エセ・ファシスト，そして自分たちが流用して使うためにローマからの基金を求める事業に関わるネオ・ファシストの企業家たち」であった (Michael Arthur Ledeen, *Universal Fascism : The Theory and Practice of the Fascist International, 1928-1936*, New York 1972, S. 125-26)。

(2) 最初の 3 つの引用は，Hans-Jürgen Schröder, *Deutschland und die Vereinigten Staaten 1933-1939*, Wiesbaden 1970, S. 93 からのものである。その後の引用は，以下に見られる。Hans-Jürgen Schröder, “Das Dritte Reich und die USA” (in : Manfred Knapp, Werner Link, Hans-Jürgen Schröder, Klaus Schwabe, Hg., *Die USA und Deutschland 1918-1975*, München 1978, S. 117-18). Harald Frisch, *Das deutsche Rooseveltbild (1933-1941)*, Diss. Freie Universität Berlin 1967, S. 35. Philipp Gassert, *Amerika im Dritten Reich*, Stuttgart 1997, S. 210-12.

　ヒトラー自身，アメリカ大使ドッドに対して次のように述べた。私は，「義務感，犠牲の覚悟，規律が国民全体を支配すべきであるという考え方において大統領と一致している。大統領が合衆国の個々の市民全員に課したこれらの道徳的要求は，ドイツの国家哲学の核心でもあり，それは『私益に対する公益の優先』というスローガンに表現されている」と (Zit. n. *Franklin D. Roosevelt and Foreign*

Affairs, Bd. 2, Cambridge/Mass. 1969, S. 27)。

1938年にも，ドッドの後任ヒュー・A・ウィルソンはベルリンからヒトラーとの対話について，大統領に次のように報告した。「ヒトラーはこう言いました。彼が職務についた時に直面したのと似たような問題のいくつかに直面して，大統領が合衆国のために採用しようとしている方法を，関心をもって注視してきた，と。私はこう答えました。ドイツにおける短い滞在の間にすでに，大統領が取り組んでいる経済的問題のいくつかと，彼が取り組み，いくつかのケースでは解決した問題の類似性に気づいていました，と。さらにこう付け加えました。大統領は，とくに若者や労働者のためにドイツでなされている社会的努力について強い関心をもっており，これらの措置がいかにして遂行されているのかを大統領に報告することが私の仕事の一つなのです，と」(Bericht vom 3. 3. 1938, zit. n. *FDR and Foreign Affairs*, Second Series, New York/Tronto 1995, Bd. 9, S. 21-22)。

(3) Zit. n. Frisch, S. 37. ここではまた，1936年までは広く自主性をもっていたドイツのアメリカ報告は「操作のない領域」と特徴づけられている (S. 44)。以下は，ナチズムの最初の6カ月における報告についての専門的研究である。Kiran Patel, *Amerika als Argument : Die Wahrnehmung des New Deal am Anfang des "Dritten Reiches"*, Magisterarbeit Humboldt Universität Berlin o. J. (auch in : *Amerikastudien* 15, 2000).

ソレルの伝記作者ミヒャエル・フロイントは，ニューディールとナチズムの類似性という支配的見解に対して，根本的相違を強調している。ちょうどヨーロッパの全体主義的諸国が「アメリカ的」楽観主義の道を取り始めたときに，アメリカのニューディールは悲観主義への方向転換を示している，と (「ヨーロッパの行進する国々には，新たな未来が開かれるかのように思われ，世界は広くなるように見えた。そしてこれらの国々は，『パイオニア』のように未知の土地を征服できると考えた。『アメリカ的なるもの』を刻印された巨大な事業の精神が，たとえばイタリアとロシアを捉えていた。ところが，ローズヴェルトを指導者に選出した国は，このアメリカニズムから抜け出ようとしていたのである」) (Michael Freund, "Angelsächsische Revolution", in : *Deutsche Zeitschrift*, Bd. 47/1933-34, S. 252)。

(4) フランス人のローズヴェルト崇拝者ベルナール・フェイは，彼を「大衆の情感と熱狂に支えられた真の独裁者」と呼んでいる (Bernard Fay, *Roosevelt and his America*, Boston 1934, S. 310)。

ニューディールはファシズムよりもむしろナチズムと親近関係にあると考えた数少ない外国人評論家の一人は，政党に属さないイギリス人社会主義者フェナー・ブロックウェイであった。政治的大衆ヒステリーに恐怖を感じたというアメリカ滞在時の個人的観察から (「チアリーダーの呼びかけやしぐさに反応して甲高い叫び声をあげる群衆は，ファシスト諸国の大衆心理とぴったりと一致するだ

ろう」)，彼は次のように書いている。「アメリカは，情緒的には……ロンドンにおける死のような無関心よりもベルリンやモスクワに近い」。彼はニューディールを「合意による独裁」と呼んだ。ローズヴェルトに対するアメリカ人の大衆的崇拝は，彼にはヒトラーに対するドイツ人のそれを想起させた。「誤解しないでほしい。私は二人の人間を比べているのではない。同じような心理を引き起こすために採用された同じ方法を比べているのだ」。ニューディールのプロパガンダ方法は，彼にはソヴィエト共産主義のそれを想起させた（「五カ年計画に対するモスクワのプロパガンダですら，これにはかなわない」)。そして，民間資源保存団の青年労働者キャンプは，ナチ労働奉仕団のキャンプと同様，民主主義を脅かす力だと認識した。「アメリカのキャンプが，ドイツのそれと同様に，戦争あるいは社会的争乱が迫るとすぐに，市民的目的から軍事的目的に切り替えられるという懸念を抱く」（Fenner Brockway, *Will Roosevelt Succeed ?* London 1934, zit. n. John Dizkes, *Britain, Roosevelt and the New Deal : British Opinion 1932-1938*, NY/London 1979, S. 96, 166-67)。

（5）ヴォルフガング・シーダーの論文（Wolfgang Schieder, “Das italienische Experiment : Der Faschismus als Vorbild in der Krise der Weimarer Republik, in : *Historische Zeitschrift*, Bd. 262/1996, S. 73-125）は，ワイマル共和国についてのこの異なった評価を非常にうまく描き出している。彼は，広くリベラルな市民層にまで及んでいた「親ファシズム的世論の雰囲気」（S. 84）に言及している。テオドーア・ヴォルフやエミール・ルートヴィヒのようなユダヤ人自由主義者ですら，ムッソリーニのシンパだと公的に表明した。ファシズムへの共感はナチズムとの近さを意味したわけではない。逆に，後者の断固たる敵対者がしばしば前者の擁護者であった。「人びとはヒトラーを拒否するがゆえに，ムッソリーニに熱狂することができ」，ナチズムを「ドイツ的な似非ファシズム」だと非難できたのである（Schieder, S. 99)。

『フォーリン・アフェアーズ』誌の編集長，ハミルトン・フィッシュ・アームストロングは，ナチズムについて次のように述べている。「その含意や潜勢力においては，ロシア革命と同じように急進的であるが，プロイセン流儀の 20 世紀の革命である。……これらの若きナチ党員たちは無学であることに誇りをもっている。……数年前のロシアの若きソヴィエト労働者と同様，彼らは所有の重荷から自由であることにも誇りをもっている。……世界を支配すべき大衆の一部である彼らは，何らかの宇宙的衝動によって前進することを余儀なくされている」（Hamilton Fish Armstrong, “Hitlers Reich”, in : *Foreign Affairs*, Bd. 11/Juni 1933, S. 595)。

（6）M. Vaudagna, “New Deal e corporativismo nelle riviste politiche ed economiche italiane” (in : Giorgio Spini, Gian Giacomo Migone, Massimo Teodori, Hg., *Italia e America dalla Grande Guerra a Oggi*, Lama Umbro 1976, S. 103).

（7）*Popolo d'Italia*, 7. 7. 1933.

（8）Maurizio Vaudagna, *Corporativismo e New Deal*, Turin, 1981, S. 201. ワシントン駐在イタリア大使アウグスト・ロッシは，騒々しすぎる「イタリアの自己賞賛」の危険について書いている。「われわれの新聞が性急にローズヴェルトをムッソリーニの弟子として描き出したとき，……私は，このテーマにこだわるのは良い考えとはいえないと感じた。……私には，『ファシズム』という言葉が党派抗争で使われるはめになると思えたのである」（zit. n. Maurizio Vaudagna, "Mussolini and Roosevelt", in : Cornelis A. van Minnen/John F. Sears, Hg., *Roosevelt and his Contemporaries*, New York 1992, S. 165）。

（9）『前を向いて』の書評は，1933年7月7日に『ポポロ・ディタリア』紙に掲載された（以下に再掲載，Mussolini, *Scritti e discorsi dal 1932 als 1933*, Bd. 8, Mailand 1933, S. 219–22）。『ポポロ・ディタリア』紙におけるウォレスの『新しいフロンティア』の書評は1934年8月17日に掲載された（*Scritti e discorsi*, Bd. 9, Mailand 1935, S. 105–09）。Beide zit. n. Marco Sedda, "Il New Deal nella pubblicisticà politica itliana dal 1933 als 1938"（in : *Il Politico*. Pavia, Jg. 1999, S. 250, 263）.

（10）Marco Sedda, "Il *New Deal* nella pubbicisticà politica italiana dal 1933 al 1938"（in : *Il Politico*, 1999/Jg. 64, S. 247）.

（11）Giovanni Selvi, *Fermentazione fascista nel mondo*（Gerarchia, 1935, S. 576, 577）.

（12）Alle Zitate nach Sedda, S. 251, 258, 265.

（13）以下を参照。Rosaria Quartararo, "Roma e Mosca. L'immagine dell'Urss nella stampa fascista 1925–1935"（in : *Storia contemporanea*, Jg. 27/1996, S. 447–72）.

（14）Zit. n. Quartararo, S. 449. この関心はすでにファシズム政体の初期に示されていた。1922年12月，中央機関紙『ポポロ・ディタリア』では，次のように言われている。ロシアとファシズムの革命は，「分けて小さくする分解においてではなく，拡げて受け入れる総合においてのみ理解されうる」（7. 12. 22, zit. n. Quartararo, S. 452）。

（15）Quartararo, S. 449.

（16）『ドイツ国民経済』という雑誌は，「窮地のローズヴェルト」，「ローズヴェルトのジレンマ」，「ローズヴェルトの不安」などの見出しのもとで，1937–38年におけるニューディールの危機を論評していた。「まさに合衆国では，1933年にローズヴェルトが導入したような大胆な政策が成功するための決定的な前提である国民的一体性と直接的指導が欠如している」（1938, Nr. 2, S. 75）。ニューディールとは異なって，「ナチ革命は……その約束を守った」（1938, Nr. 3, S. 100）。ローズヴェルトが1937年に全体主義諸国に対する反対声明によって外交政策を公式に定義し直す前には，たとえば最高裁が全国復興局を憲法違反だとする判決の際には，自由主義体制の囚われ人であるという理由から，彼は寛大な目で見られていた。

(17) 引用部分は以下による。George Wolfskill/John A. Hudson, *All But the People : Franklin D. Roosevelt and His Critics 1933–39*, London 1969.

ハーバート・フーヴァーの元財務長官オグデン・ミルズは，新しい行政府を，「ヨーロッパでドイツのナチ政府，イタリアのファシスト政府，ロシアの共産主義政府が示しているような……新しい運動」の一部と見なしていた。そして，フーヴァー自身は抵抗を呼びかけた。「われわれは，アメリカの理想である，個人の自由とチャンスに基づく政府を求めてふたたび闘わねばならない。この闘いに負ければ，このニューディールの道を集団主義理論に基づく何らかの個人統治へと突き進ませることになるだろう。このような理念のもとでは，われわれの政府は一種のファシスト政府になりうる」（Herbert Hoover, *Addresses Upon the American Road*, New York 1938, S. 160）。

(18) 引用の最初の部分は，『スペクテイター』誌（18. 8. 1933, S. 211）におけるハルグレンの論考から。引用の後半は以下による。Zit. n. Ekrich, *Ideologies and Utopias*, S. 188–89. ハルグレンは，今日言われているよりも自主性をもった自由主義左派系のジャーナリストであり，雑誌『ネイション』の協力者であった。

(19) “Fascism and the New Deal”（in : *North American Review*, Bd. 238/1934, S. 559, 562）.

(20) “Will Fascism Come to America ?”（in : *The Modern Monthly*, Bd. 8/1934, S. 472）. カルヴァートンはリベラルな社会主義者であった。

(21) *Modern Monthly*, wie Anm. 20, S. 462. トーマスは社会党の議長であった。

(22) George E. Sokolsky, “America Drifts Toward Fascism”（in : *The American Mercury*, Bd. 32/1934, S. 259）.

(23) *The Coming American Revolution*, New York 1934, S. 294. ソールは社会自由主義派のジャーナリストで，『ニュー・リパブリック』誌の編集者であった。彼はニューディールを「ファシズムに対する，比較的痛みのない予防接種」と呼んだ（S. 295）。

(24) *The Political Quarterly*, Bd. 5/1934, S. 53–54.

(25) “Must American Go Fascist ?”（*Harper's Magazine*, Bd. 169/1934, S. 4）.

(26) *Annals of the American Academy of Political and Social Sciences*, Bd. 180/1935, S. 159.

(27) “Is the ‘New Deal’ Socialism ? A Socialist Leader Answers”（*New York Times*, 18. 6. 1933）.

(28)「同志」は以下から引用。Zit. n. Arthur M. Schlesinger, *The Age of Roosevelt : The Politics of Upheaval*, Boston 1960, S. 648.「これらギルドの近代的形態」は以下から。Franklin D. Roosevelt, *The Public Papers and Addresses*, New York 1938, Bd. 2, S. 252.

(29) Zit. n. John P. Diggins, *Mussolini and Fascism : The View From America*, Princeton 1972, S. 279. 彼［ローズヴェルト］は別の通信員にこう打ち明けている。「私は，あの賞賛すべきイタリアの紳士とかなり親密な接触を続けていることを，君を信頼して打ち明けたい」（ebd.）。

ローマからのロングの報告と，ファシズムのモデルを合衆国でも真剣に考えるようにという彼の提案については，以下を参照。Maurizio Vaudagna, "Il corporativismo nel giudizio dei diplomatici americani a Roma 1930-1935" (in : *Studi storici*, Juli-September 1975, S. 772ff.).

(30) M. Vaudagna, "Mussolini and Roosevelt" (in : Cornelis A. van Minnen/John F. Sears, Hg., *Roosevelt and His Contemporaries*, NY 1992, S. 158).

(31) フランシス・パーキンズは回想録の中で，ラファエロ・ヴィグリオーネの『組合国家』というタイトルを挙げている。アーサー・シュレジンガーはこの主張を事実として受け取った（Arthur Schlesinger, *The Coming of the New Deal*, S. 153)。このタイトルと著者による書物は検出できないので，おそらくファウスト・ピティグリアーニの『イタリア組合国家』(London 1933）であろう。マウリツィオ・ヴァウダーニャも，ローマ駐在アメリカ大使ブレッキンリッジ・ロングがジョンソンに宛てた手紙から以下の文章を引用するときには，ジョンソンをコーポラティズム理念と関連——この関連は証明できないが——させている。イタリアの組合は「あなたが取り組んでこられた規約《コード》の路線に沿って」組織されている，と（Vaudagna, 1992, S. 164)。ロングの遺品には，このような手紙はないが，たしかに同じ日付（1934年5月16日）でほぼ同じ内容の，レクスフォード・タグウェルに宛てたロングの書簡がある。「あなたの気持ちはこの路線〔コーポラティズム〕に沿っており，あなたが特別な関心を寄せられるものと思います。……全国復興局のもとでの規約作成作業に有益な関連が見つかるかもしれません」(Long-Papers, Box 111, Library of Congress, Manuscript Division)。

(32) *The Diary of Rexford G. Tugwell : The New Deal, 1932-1935*, Hg. v. Michael Vincent Namorato, NY/Westport/London 1992, S. 138, 139, Eintrag 20. und 22. 10. 1934.

タグウェルの政治的心理は，おそらく彼自身が報告している次のエピソードから明らかになろう。

ヨーロッパにおけるヒトラーの征服政策に関する小グループでの議論の際，ベルリン駐在アメリカ大使ドッドは，ナチスの野蛮さに対する驚きを表明した。タグウェルはこの道徳的態度を理解はしたが，政治的には非生産的だと考えた。「私は，大陸を統一するときには，自動的に国内の政治的緊張が生じ，その結果，政府は国内問題に専念し，外国の征服を無視することになると論じた」(a. a. O., S. 194)。

政治的決定レベルの下部にある専門家のレベルでは，両体制の概観，とくに規約とコーポラティズムとの比較は日常的に行われていた。

全国復興局のための鑑定書では，こう言われている。「ファシストの原則は，われわれがここアメリカで練り上げてきたものと非常に似ており，したがって現在とくに興味深い」(Janet C. Wright, Capital and Labor Under Fascism, National Archives, Record Group 9 : Records of the National Recovery Administration. Special

Research and Planning Reports and Memoranda. 1933–35, Entry 31, Box 3)。

(33) *One Third of Nation : Lorena Hickok Reports on the Great Depression*, Hg. v. Richard Lowitt und Maurine Beasley, Urbana/Chicago/London 1981, S. 218.

(34) ローズヴェルトは帝国労働奉仕団に個人的に関心を抱いていた（Kiran Patel, *Soldaten der Arbeit*, S. 412–13）。ローズヴェルトの内務長官，ハロルド・イカスは次のような意見を伝えている。「われわれがこの国で行っていることは，ロシアで行われていることや，ヒトラー下のドイツで行われていることの一部ですらある。しかし，われわれはそれらを暴力なしに行っているのだ」（zit. n. Lewis S. Feuer, “American Travellers to The Soviet Union 1917–32 : ‘The Formation of a Component of New Deal Ideology’”, in : *American Quarterly*, Bd. 14/1962）。

(35) Peter Vogt, *Pragmatismus und Faschismus : Kreativität und Kontingenz in der Moderne*, Weilerswist 2002. フォークトによる「性質の類似性」という概念の使用は奇妙である。というのは，彼の本の中心的テーゼが言うように，むしろお互いの誤解が問題だからである。

すでに 1966 年に，ジョン・P・ディギンズは，この結びつきに注目するよう指摘していた。「ファシズムは何よりも実験というプラグマティズムの倫理に訴えかけた」（John P. Diggins, “Flirtation with Fascism : American Pragmatic Liberals and Mussolini’s Italy”, in : *American Historical Review*, Bd. 71/1966, S. 495）。

(36) Zit. n. Diggins, a. a. O., S. 493.「ジェファソンのファシズム」については，以下を参照。Vogt, a. a. O., S. 56.

彼［シュナイダー］は 1926 年，イタリアからデューイに以下のように書き送った。「イタリアは知的な観点から見ると，本当に信じられません。この国は私には，理念が実践を通していかに生み出され，その後機能するようになるかを示す，予期していた以上に興味深い実験室のように思えます。ここでは，ほとんど一夜にして完全に新しい観念世界が生み出されました。……目下のところ，われわれが『世論』と呼ぶものがなければ生活がどのように感じられるのかにとくに関心を抱いています。ここでは，意見の交換はできなくなりました。そしてそのことは，ショックと同時に安堵，むなしさと同時に気楽さといった感情を引き起こしています」（zit. n. Vogt, S. 51–52）。

(37) Zit. n. Diggins, a. a. O., S. 494.

(38) 数少ない例外の一人は，カリフォルニアの政治学者ウィリアム・B・マンローであった。彼はヨーロッパの統治システムに関する基本文献の著者であり，誰にもナチのシンパであるとは思われていなかった。ドイツをめぐる情報収集の旅の後，彼はナチスの反ユダヤ主義を中世的野蛮への非合理な後退としてではなく，「ユダヤ人種の構成員が，銀行・金融の支配や巨大産業，百貨店，新聞の所有を通して戦前のドイツで十分な量の経済的権力を集積させた」ことに対する反応として描き出した（William B. Munro, “Hitler and the New Deal in Germany”, in :

Proceedings of the Institute of World Affairs, Los Angeles 1934 : 以下に再録。Ders., *The Governments of Europe*, New York 1938, 3. Aufl., S. 634)。

(39) ファシズムとの比較を好む傾向は，アメリカ人の感受性にとっては，経済的自由の制限がすでに自由全般の終焉の徴候であったということで説明されるのだろうか。

それとも，自由の制限という考えは，社会主義——それが社会民主主義の形態をとったものにすぎないとしても——のレッテルのもとでよりも，ファシズムのレッテルのもとでの方が受け入れやすかったからなのだろうか。

こう考えると，ふたたび以下の疑問に戻る。つまり，なぜ資本主義の国家統制主義的秩序の形態はすべて，すぐにファシズム的あるいは疑似ファシズム的と特徴づけられた——ニューディールのようなアメリカのファシズムは政治的画一化やテロ，抑圧なしにやっていけるという限定を付け加えて——のかという疑問である。

(40) 制服運動（最も有名なものは，銀色のシャツ）は明白にヨーロッパのモデルに従っており，左派急進主義の運動と同様，分派的・セクト的地位を越えることはなかった。合衆国における明白なあるいはヨーロッパ流のファシズムの不成功に関しては，ヴェルナー・ゾンバルトが社会主義の不成功について与えた答えが当てはまる。すなわち，集団主義的運動は，個人主義の生みの親である国ではチャンスがないということである。同時代の政治評論家によって，明示的ではないが実質的にはファシズム的だと評価された第三の政治グループは，1935年頃にニューディールを深刻に脅かす潜勢力となった未組織の結集運動であった。「ラジオ説教者」コグリン神父，およびルイジアナ選出の上院議員ヒューイ・ロングの煽動的ポピュリズムである。両者ともに最初はローズヴェルトの支持者であったが，後に戦闘的な敵対者となった。この運動は，ヨーロッパのファシズムないしはナチズムの本来的なアメリカの等価物と見なされた（し，30年代についての歴史研究においては現在にいたるまでそう見なされている)。

(41) これをロングの言葉とすることには，議論の余地がある。ロングが著者であることを疑っているシュレジンガーは，それに代わって，ジャーナリストのローレンス・デニス（不当にも，1930年代に関する歴史文献では彼自身がたいていファシストと呼ばれている）の名を挙げ，次の箇所を引用している。「あるタイプのファシズムが，今や熱心にファシズムを否認する指導者たちによってこの国に導入されたことほど，論理的あるいは最良の政治的伝統に属することはない」(Schlesinger, a. a. O., S. 665)。

アメリカ人の潜在的にファシズム的な気質について，『社会心理学雑誌』は1936年にアンケート調査を行った。回答者の大多数が自分を反ファシズム的だと呼んだのに対して，彼らは，「ファシズム的」というレッテルが貼られていないときには，明白に親ファシズム的な立場を表明した（Bd. 7/1936, S. 309-19,

438–54)。

(42) Leon Samson, "Is Fascism Possible in America ?" (*Common Sense*, August 1934, S. 17). サムソンは例として大統領という制度を挙げている。「この国の大統領は国民の指導者である。かかる者として，彼は，同時に民主主義の形態とカエサル主義の実質を体現する。……アメリカ大統領がファシズムの形態を帯びることなくファシズムの機能を果たすことは，まさに，階級に対する大衆の代弁者としての彼の役割にある」。ファシズム的気質の別の要素は，アメリカのダイナミズムだという。「アメリカのテンポは，歴史的に定められたものすべて，リアルなものすべてを覆そうとする，真にファシズム的なやり方で動いており，ファシズム的ライフ・スタイルの中心的精神要素であるあの権力のディレッタンティズム（ママ）に通じている」(S. 18)。

テーマそれ自体は，この点では，トクヴィル以来ヨーロッパ人が観察してきたアメリカの社会コンフォーミズム（順応主義），あるいは最近この現象について言われているように，「民主主義的順応主義の逆説」である（Daria Frezza, *Il Leader, la folla, la democrazia nel discorso pubblico Americano 1880–1941*, Rom 2001)。ジョン・M・ケインズは1930年代にこのことを次のような文章にしていた。「アメリカ人は，どのような平均的意見が平均的意見であるのかを発見することに過度に関心を抱きがちである」(John M. Keynes, *The General Theory*, New York 1936, S. 159)。今日の「政治的公正《ポリティカルコレクトネス》さ」という概念が明らかにしているように，順応は自発性の結果，もっとうまく言えば政治的洞察（＝公正）の結果である。日常語で意見が売られる，あるいは買われるという表現が用いられることは，二つの側面が互いに依存し合っているがゆえにのみ機能するという状況の心理学を認識させてくれる。同じことは，ヨーロッパとは非常に異なるアメリカの道路交通ルールにおいて見ることができる。「結果は，道路の上に，われわれが経験したことがないような安全を生み出すことである」(Hyacinthe Dubreuil, *Les codes Roosevelt : Les perspectives de la vie sociale*, Paris 1934, S. 135)。

(43) Waldo Frank, "Will Fascism Come to America ?" (*Modern Monthly*, Bd. 8/1934, S. 465–66).

(44) E. Francis Brown, "The American Road to Fascism" (*Current History*, Juli 1933, S. 397).

(45) W. P. Montague, "Democracy at the Crossroads" (in : *Actes du huitième congrès international de philosophie à Prague 2–7 septembre 1934*, Prag 1936, S. 481).

(46) Diane Ghirardo, *Building New Communities*, S. 138（第4章の「入植」の節も参照).

(47) Zit. n. William E. Leuchtenburg, "The New Deal and the Analogue of War" (in : ders., *The FDR Years : On Roosevelt and His Legacy*, NY 1995, S. 35–75. 初版は1964)。この節の引用はすべて，別記のない限りロイヒテンブルクによる。

(48) スウォープ計画と全国復興局に関しては，以下を参照。Kim McQuaid, *A Response*

to Industrialism : Liberal Businessmen and the Evolving Spectrum of Capitalist Reform 1880–1960, New York/London 1986. および Ders. und Edward Berkowitz, *Creating the Welfare State*, New York 1980. スウォープに関しては，以下を参照。David Loth, *Swope of G. E.*, New York 1958.

(49) Richard T. Ely, *Hard Times : The Way In and the Way Out*, New York 1931, S. 103.

(50) Vaudagna, *L'Estetica*, S. 97.

(51) ローズヴェルトは 1912 年に，個人の自由と集団的義務の関係に関する演説で，ドイツの道を模範的だと述べていた。「彼らは，自分の財産に満足するように個人の自由（liberty）を超越し，国民全体の自由（freedom）の利益となるようこの自由（liberty）を抑制することが必要だと考えた」(zit. n. Daniel R. Fusfeld, *The Economic Thought of FDR and the Origins of the New Deal*, New York 1956, S. 50)。

(52) 以下を参照。Richard Hofstadter, *The Age of Reform*, New York 1955. Arthur A. Ekirch, *Progressivism in America*, New York 1974. ウィルソンについては，以下を参照。Robert Miewald, "The Origins of Wilson's Thought : 'The German Tradition and the Organic State'" (in : J. Rabin/J. Bowman, Hg., *Politics and Administration*, New York 1984).

(53) すでに同時代の評論家たちは，検閲の犠牲にならない限り，合衆国が軍国主義とプロイセン主義に対する闘争の中で自らこの道をとるかもしれないという懸念を表明していた。歴史家で，1933 年以降，ベルリン駐在大使を勤めたウィリアム・E・ドッドは，ウィルソンが「ビスマルクが帝国主義的ドイツを建設する際に用いたまさにそのプログラムを採用せざるをえなくなる」ことがありうると考えた。また経済史家のトーマス・N・カーヴァーは，「われわれはプロイセン化する危険にあるのではないか」というタイトルの論考で，次のように書いた。「すでにわれわれの戦争の中で，政府の権威の利用が増加していることに伴い，これに応じた権力の集中化が生じている。権力集中は，論理的かつ効率的に考えて究極のところ，カエサル主義，ボナパルティズム，官僚制，プロイセン主義に陥る。権威主義者が自分はどれほど民主的であると思おうが，あるいはそのふりをしようが，そのプログラムの性質そのものが，論理的かつ不可避的に，今や世界がプロイセン主義と呼ぶ権力集中の方向に導くことになる」(いずれの引用も，Arthur A. Ekirch, *Progressivism in America*, New York 1974, S. 271, 273 より)。ロバート・ニスベスは，二つの「全権委任法」(スパイ法と煽動法) によって行われる画一化と抑圧の政治について次のように述べている。「西側初めてのリアルな全体主義の実験——政治的絶対主義は，文化，社会，教育，宗教，産業，芸術，地方コミュニティ，家族を含むすべての可能な領域に拡げられた——は，ウッドロー・ウィルソン下のアメリカ戦争国家とともにやって来た」(Robert Nisbeth, *Twilight of Authority*, New York 1975, S. 183)。また別の箇所では，「認めたくはないが，全体主義国家の 20 世紀最初の試演は，1917 年から 1918 年の時期に合衆国によ

って行われた。……ドイツ皇帝の軍事的・政治的命令ですら，ましてやイギリスやフランスのそれは，戦争国家アメリカの全体性には及ばない」（ders., *The Making of Modern Society*, Brighton/England 1986, S. 192）。

(54) Zit. n. Allen F. Davis, “Welfare, Reform and World War I”（in : *American Quarterly*, Bd. 19/1967, S. 519, 520, 521）.

第 2 章　カリスマ的指導者

(1)『世界評論』の記事は，ローズヴェルトのカリスマの要素として彼の貴族性を指摘している。「彼の人気の主な理由の一つ」は，ここでは「生まれながらの貴族が，……金融界や工業界の大物に対抗して，民衆に与している」ことにある，と (Marquis La Londe, “L’expérience américaine : La popularité du Président Roosevelt”, in : *La revue mondiale*, 1-15 septembre 1935, S. 4)。

(2) Hendrik de Man, *Massen und Führer*, Potsdam 1932, S. 43, 44.

(3) Alexandre Dorna, *Le Leader charismatique*, Paris 1998, S. 26-27.

(4) Erich Becker, *Diktatur und Führung*, Tübingen 1935, S. 35.

(5) Roger Bonnard, *Le droit et l’Etat dans la doctrine nationale-socialiste*, Paris 1936, S. 92, 94.

(6) Hadley Cantril/Gordon W. Allport, *The Psychology of the Radio*, New York 1935 (Reprint NY 1971), S. 109. 1935 年に出版されたこの研究（『ラジオの心理学』）では，次のように言われている。「想像力で補われて，聴取者は肉体のないラジオの声を完全な人物に創り上げる」。

(7) Betty H. Winfield, *Franklin D. Roosevelt and the News Media*, Urbana/Chicago 1990, S. 105. とくにローズヴェルトのラジオ・スピーチについては，以下を参照。Robert S. Fine, *Roosevelt’s Radio Chatting : Its Development and Impact During the Great Depression*, Diss. New York University 1977. ここでは，1937 年の『ニューヨーク・タイムズ』によるローズヴェルトの語彙選択の分析結果も示されている。それによれば，彼がラジオで使用する語彙の 70 パーセントは 500 の最も一般的な言葉からなっていた（Fine, S. 127）。

(8) John G. Carlile von CBS zit. n. in Orrin Dunlap, “When Roosvelt gets on the Air”（*New York Times*, 18. 6. 1933）.

(9) Winfield, S. 105.

(10) *Common Sense*, Februar 1934, S. 17.

(11) ローズヴェルトの後の選挙戦での敵対者，たとえばベルナール・フェイが「災難」と呼んだアルフレッド・ランドンも同様である。「噂では，イギリス人俳優から受けた発声法のレッスンにもかかわらず，……そして，順応するために行われた英雄的努力にもかかわらず，マイクロフォンを前にした彼は，金魚鉢のガラス板を前にした魚に似ている」（Bernard Fay, “La campagne éléctorale aux Etats-

Uni", in : *Revue des deux mondes*, 1. 12. 1936, S. 614)。

（12）「彼は，けっして偉大な雄弁家ではなく，群衆との接触によって高みに昇る人間の一人だったので，ラジオに向かうことで失うものは何もなかった。そのうえ，彼の偉大な手腕はウィットに富んだ会話——内輪で，くだけた調子で親密な——にあったために，ラジオのために生まれてきたように見える」(Bernard Fay, a. a. O.)。

（13）Warren Susman, *Culture as History*, NY 1984, S. 160.

（14）Arthur M. Schlesinger, Jr., *The Age of Roosevelt : The Coming of the New Deal*, Boston 1959, S. 572.

（15）Susman, S. 165. ちなみに，ローズヴェルトの視覚上のトレードマーク，つまり彼の持続的な楽観主義的勝者の微笑み，およびラジオでのおしゃべりの親密性の演出は，大衆文化的に前もって形作られた範型のおかげであった。ウルリヒ・ケラーは，ニューディール全体をデイル・カーネギー（『いかにして友人を獲得するか』の著者）流の「冷酷な微笑み」の攻勢と特徴づけ，カーネギーを「快活で楽観主義的な予測を振りまいて伝染させる政府代表者の果てしない行進」の製作者と見なした（in : Martin Loiperdinger, Rudolf Herz, Ulrich Pohlmann, Hg., *Führerbilder : Hitler, Mussolini, Roosevelt, Stalin in Fotografie und Film*, München/Zürich 1995, S. 148ff.)。

（16）Ernst Hanfstaengl, *Zwischen Weißem und Braunem Haus. Memoiren eines politischen Außenseiters*, München 1970, S. 36–39. 比較のために，最近の研究の評価を挙げておこう。「落ち着いた調子の深いバリトンの声は，裏声に変えることなく高音を出すことができた。つまり，力強い胸声のままだったのである。そしてヒトラーは，はっきりとした抑揚を可能にする音量を利用するだけではなく，もっと深い〔「もっと快い」〕音域では迎合的でメロディの豊かな見本を利用した。全体としては，一本調子ではない全体的な表現力，暗示を生み出す完璧な混合が生じる」(Göttert 1999, S. 234, zit. n. Claudia Schmölders, *Hitlers Gesicht*, München 2000, S. 233)。

（17）Ulrich Ulonska, *Suggestion der Glaubwürdigkeit. Untersuchungen zu Hitlers rhetorischer Selbstdarstellung zwischen 1920 und 1933*, Ammersbek/Hamburg 1990, S. 286.

（18）「賢明な戦術家……」は，Ulonska, S. 97.「強い道徳的……」は，ebd., S. 103. ヒトラーが彼の怒りの表現をおそらくミュンヘンの左派革命文士から採用したことは，歴史の皮肉と言わざるをえない。1918–19 年の冬に革命的集会に参加したある人物は，ヒトラーとエルンスト・トラーのレトリックの類似性に気づいていた。彼は，後者について次のように書いている。「最終的に聴衆を獲得したのは彼の［提起した］問題ではなく，彼の振るまいであった。民衆は彼が正しいかどうかを決めることはできなかったが，彼が真剣であることには疑いをもたなかった。……彼は自分自身の確信の力によって民衆を捉えたのである。……彼が，彼らの

問題は人類の問題であると説明を続けたとき，郊外から来た普通の人びとはおだてられていると感じ，大声で拍手を送った。……彼らは人生における使命を欲していた。ヒトラーは彼らに一つの使命を提供したのである」(Otto Zarek, zit. n. Sterling Fishman, “The Rise of Hitler as Beerhall Orator”, in : *The Review of Politics*, Bd. 26/1964, S. 249)。

(19) *Hitler*, Aufl. 1995, S. 217.

(20) Detlef Grieswelle, *Propaganda der Friedlosigkeit : Eine Studie zu Hitlers Rhetorik 1920–1933*, Stuttgart 1972, S. 43.

(21) この登場を見ていたフランス人は，群衆が「待機を通して，……すでに待機自身に酔っていた」と述べている (Pierre Frédérix, “Hitler, manieur de foule”, in : *Revue des deux mondes*, 1. 3. 1934, S. 65)。アレクサンダー・ドルナは，待機についてマルセル・モースを引用し（「待機は，感情，知覚，もっと正確に言えば，身体の動きと状態が直接，社会状態を条件づけ，またそれによって条件づけられるような出来事の一つである」)，次のように続ける。「待機は，ある瞬間に，支持者のカリスマとの同一視と指導者の自己陶酔の実現の間で起こる喜ばしい融合の運搬人である。……支持者たちが，指導者のなかにあれほど待ち望まれていた希望を見たと思いこむとき，その時に生じるのは，内的変化，しかも精神生理学的な変化である」(a. a. O., S. 29)。

期待の緊張状態の構築は，まったく別の形ではあるが，ローズヴェルトのラジオ放送の際にも重要であった。放送の日には，ホワイトハウスから 1 時間毎に放送時間が近づいていることが知らされたのである (John A. Sharon, *The Psychology of the Fireside-Chat*, Diss. Princeton/Dpt. of Psychology, 1949, S. 95)。

(22) Konrad Heiden (1936) Bd. 1, S. 134, zit. n. Schmölders, S. 54.

(23) A. a. O., S. 448.

(24) Eitel W. Dobert, *Convert to Freedom*, 1940, S. 166 (zit. n. F. W. Lambertson, “Hitler, the Orator : A Study in Mob Psychology”, in : *The Quarterly Journal of Speech*, Bd. 28/1942, S. 124).

(25) Otto Strasser, *Hitler and I*, 1940, zit. n. Lambertson, a. a. O., S. 127.

(26) ドイツ大使ハンス・ルターが行った，1933 年 5 月 4 日のニューヨークでの講演における外交政策協会会長ジェイムズ・G・マクドナルドの発言 (Polit. Arch. AA, R 80307, Blatt K 269124)。

(27) Zit. n. Griesewelle, a. a. O., S. 39.

(28) K. Heiden, *Hitler*, New York 1936, S. 304.

テオドール・W・アドルノは，大衆の「小さな偉人」との同一視をフロイト的に，英雄・指導者像における自我理想の解体と，英雄の「小さな」面と同一化できることによるナルシシズム的な自己愛の維持が同時に生じることと説明している。「超人はそれでもなお支持者に似ており，彼らの『拡大』と思われなければ

ならない。したがって，人格化されたファシズム・プロパガンダの工夫の一つは，全能性とまさに庶民の一人であるという考えを同時に示唆するような人物，『偉大な一般人』という構想である」（“Freudian Theory and the pattern of fascist propaganda”, in : Adorno, *The Culture Industry : Selected Essays on Mass Culture*, London 1991）。この論文は，1930 年代半ばにおける，ニューディールに対する煽動的な対抗運動（ヒューイ・ロング，コグリン神父）を取り扱っており，アドルノはこの運動をまさに自由主義的時代精神の中にあって，ヨーロッパのファシズム運動のアメリカにおける対応物と見なしていた。

ヒトラーの煽動主義を「母性的」と特徴づけることは，まさに母性冒瀆的で，このイメージで連想されるものすべてに矛盾するように思われる。だが，戦間期アメリカの指導的な社会心理学者，プロパガンダ研究者のハロルド・ラスウェルが 1933 年の「ヒトラー主義の心理学」という論文で，まさにこれを行ったのである。ラスウェルの挙げた根拠をこれ以上示す必要はない（「ヒトラーの役割は，泣き叫ぶ患者にあなたを叩くなんて隣の男の子はとても悪い子だと言う看護士のそれに似ている」）。もっと重要なのは，頻繁に引用されるが，ヒトラーが大衆を「女」として特徴づけたことである。彼はその自己認識において，大衆に対して当然「男」として登場した。しかし，これまで見てきたように，男性的・英雄的部分は，彼の公式の場での演説では，つねに最初の「女性的」な部分の続きにすぎなかった。フェストは，大衆の雰囲気や願望に対するヒトラーの「女性的に思える，異常なほどの感受性」について語っている（Fest, a. a. O., S. 186）。

(29) 「私的な」ヒトラーを写した，ヒトラーの写真家ホフマン発行の写真集を想起してほしい。それは，編年史的にはすでに大示威運動の本来の「闘争期」の後に出されている。そのタイトルからして，その間に獲得した権力を前提にしたものである。『誰も知らないヒトラー』（1932 年），『山中のヒトラー』（1935 年），『日常を離れたヒトラー』（1937 年）（以下を参照。Rudolf Herz, Hg., *Hoffmann & Hitler. Photographie als Medium des Führer-Mythos*, München 1994）。

(30) Hadley Cantril/Gordon W. Allport, *The Psychology of the Radio*, NY 1935 (Repr. NY 1971), S. 13.

ラジオを効果的な大衆の秩序づけ，大衆統制，大衆の解毒の装置として認識することを容易にする歴史上のモデルは，ジェレミー・ベンサムのパノプティコンである。周知のように，その最初の実際的適用は，イギリスではなく，19 世紀最初の三分の一におけるアメリカ，フィラデルフィアの監獄においてであった。当時，ひとまとめにされて危険で改善不能だと見なされていた囚人大衆が個々の監房に分けて入れられ，中央の監視塔から統制可能にされたように，それが今や多数の大衆に関して起こったのである。ラジオにおいては，放送局が中央監視塔で，受け手が互いに孤立した聴取者である「パナクスティコン」になった。唯一の相違は，監獄にいる大衆が改善されるべき犯罪者であるのに対して，聴取者大

衆は煽動に感染するのを防がれるべき国民だったことである。しかし，いずれの場合も意図は啓蒙的なものであった。生の大衆集会やその巨大な煽動，つまりは危険な大衆を支えとするヨーロッパの全体主義に対して，1930 年代アメリカの社会科学者・政治学者はラジオという大衆メディアが，良き，すなわち「啓蒙的な指導者の目的に従わせることができる，解毒された群衆」の保証であると考えた（Eugene E. Leach, “Mastering the Crowd : Collective Behaviour and Mass Society in American Social Thought 1917–1939”, in : *American Studies* 1986, S. 109）。

（31）Franco Minganti, *Modulazioni de frequenza : L'immaginario radiofonico tra letteratura e frequenza*, Pasian di Prato 1997, S. 35.

（32）ソープ・オペラの日常性は，伝統的な現実逃避主義とは違って，虚構と現実の境界を消し去った。このことがそれ本来の新しさだと言える。その「幻想主義的な物語戦略」については次のように言われてきた。この戦略は「おとぎ話のような描写を示されたものと同一だと思わせる。こうしてソープ・オペラは，聴取者の現在において現実と見えるおとぎ話になる，すなわち，その代替的性格を慎重に隠す現実の代替物になる」（Eckhard Breitinger, *Rundfunk und Hörspiel in den USA 1930–1950*, Trier 1992, S. 78. ソープ・オペラ・ヒロインの「連日の訪問」については，a. a. O., S. 79 を参照）。虚構と現実を越える別の技巧は，たとえばヒロインがつけていたブローチが，シリーズのスポンサーの要請で聴取者に送られるといった広告用景品であった（a. a. O., S. 86）。聖遺物的あるいは物神的価値は明らかである。それは，崇拝された女優との結びつきではなく，理想的な登場人物との結びつきが求められているという点で，伝統的なスター崇拝とは異なる。シリーズの登場人物には，定期的に彼女に宛てられた何千というファンレター，ときには贈り物も届けられるのである。

（33）Studie von W. Lloyd Warner und William E. Henry, zit. n. James Thurber, “Soapland” (in : *The Beast in Me and Other Animals*, NY 1968, S. 254).

（34）ムッソリーニの大衆集会では，ピエール・ミルザが確認しているように，おそらく「遊戯や祭りの側面」の儀礼的なもの以上のものが形成されていた。「オペラ芸術が君臨する国，聖なるものの表象が華やかな装飾に取り巻かれている国で，多数のイタリア人がファシストの儀式において尊重するのは，その劇場的性格である。……それは，ヴェネツィア宮殿のバルコニーの高みから長時間行われる朗唱，……衝撃的な言い回し，メゾ・ソプラノでの合唱，今日では苦笑を招くような挑発的なしぐさ，しかし，これらはその時代，その文脈に置き直さねばならない」（Pierre Milza, *Mussolini*, Paris 1999, S. 561–62）。

（35）David Welch, *The Third Reich : Politics and Propaganda*, London/New York 1993, S. 34.

（36）Welch, a. a. O., S. 33.

第3章　プロパガンダ

（1）M. Lerner, "The Pattern of Fascism" (in : *The Yale Review*, Bd. 24/1934, S. 310).

（2）Harold D. Lasswell, "The Person : Subject and Object of Propaganda" (in : *The Annals of the American Academy of Political and Social Science*, Bd. 179/1935, S. 189).

（3）英語からの再翻訳。Zit. n. Fritz Morstein Marx, "Propaganda and Dictatorship" (in : *Annals of the American Academy of Political Science*, Mai 1935, S. 212).

マルクスが挙げている資料（『フランクフルト新聞』1934年3月25日）には，引用箇所は見あたらないので，代わりに次のものを示しておく。ゲッベルスと世論について，アーネスト・K・ブラムステッドは以下のように述べている。「プロパガンダが有効に実施されねばならないのであれば，不安定な大衆の気分に精通すること，……人びとの雰囲気の変化に寄り添うこと，彼らを説得，教化するために彼らのことを理解することが必須であった」(Ernest K. Bramsted, *Goebbels and National Socialist Propaganda 1925–1945*, Michigan 1965, S. 53–54)。

（4）Richard W. Steele, "The Pulse of the People : Franklin D. Roosevelt and the Gauging of American Public Opinion" (in : *Journal of Contemporary History*, Bd. 9/1974, S. 203).

1930年代末の内政・社会政策から外交・介入政策へのローズヴェルトの政治戦略の転換によって，世論の分析とならんで，ますます世論に影響を与えるという課題が登場し，こうして，さらなる政府の宣伝機関，たとえば1941年の「事実・統計局」の設立にいたった（以下を参照。Richard W. Steele, "Preparing the Public for War : Efforts to Establish a National Propaganda Agency", in : *American Historical Review*, Bd. 75/Oct. 1970)。

（5）炉辺談話の人民投票的要素については，以下を参照。Thomas Vernor Smith, "The New Deal as Cultural Phenomenon" (in : F. S. C. Northrop, Hg., *Ideological Differences and World Order*, New Haven 1949, S. 225).

（6）Garraty (1973), S. 932, 925.「ニューディール下のプロパガンダは，たしかにゲッベルスのプロパガンダ・マシーンとそれほど隔たっておらず比較できる。しかし，それは，それ以前に平時においてはまだ存在しなかったものであった」。

（7）Elisha Hanson, "Official Propaganda and the New Deal" (in : *The Annals of the American Academy of Political and Social Science*, Bd. 179/1935, S. 178).

（8）Daria Frezza, "Democrazia e masse media : Il New Deal e l'opinione pubblica" (in : Tiziano Bonazzi u. Maurizio Vaudagna, Hg., *Ripensare Roosevelt*, Mailand 1986, S. 226).

（9）William E. Berchtold, "Press Agents of the New Deal" (in : *New Outlook*, Juli 1934, S. 24.

（10）Kiran Klaus Patel, "Die Edition der 'NS-Presseanweisungen' im Kontext von Quellensammlungen zum Dritten Reich" (*Archiv für Sozialgeschichte*, Bd. 42/2002, S. 369). ここでは次のような観察も行われている。宣伝省からの指令が頻繁に無視

されたり，そこから逸脱したりしたことばかりか，また「よりにもよって一部のナチ新聞がしばしば言語規制から逸脱した」ことや，「かつてナチスに敵対的だった新聞が多くの体制に近い新聞よりも厳格に指令を遵守した」ことが注目に値する，と（ebd.）。権力のない人びとの不安に対して，権力により近い人びとがより大きな「主権」をもっていることは，すべての独裁体制で見いだされる。ドイツ民主共和国の翼賛諸政党は，そのような不安を特徴としていた。

（11）たとえば，D・カルバートは次のように述べている。「当時，民主主義指導部が大統領を通して，完全な意見の自由と新聞の自由があるといかにたくみに公衆に信じさせたか，一方で同時に……言論の自由を制限するために非公式の機構を導入していたかは，今日の視点から見れば，ほとんど賛嘆に値する。……徹底的な禁止に依拠したナチスの検閲措置と比べて，新聞の協力，すなわち自発的協働への誘い込みはきわめて効果的であることが証明された」（in : Martin Loiperdinger, Rudolf Herz, Ulrich Pohlmann, Hg., *Führerbilder : Hitler, Mussolini, Roosevelt, Stalin in Fotografie und Film*, München 1995, S. 168, 171-72）。後者のこと［新聞の協力］はおそらくニューディールの初期，当時は明らかにローズヴェルトを支持していた大衆的雰囲気の中で可能であった。この雰囲気が沸点を超えたとき，反ニューディール運動が二重の意味で形成された。すなわち，いわゆる扇動家（H・ロング，コグリン神父，タウンゼンド）によってポピュリズム的に，そして共和党員によって統制された新聞において金権政治的（ニューディール概念ではこうなる）に。

（12）Richard W. Steele, *Propaganda in an Open Society : The Roosevelt Administration and the Media 1933-1940*, Westpost/Ct und London 1985, S. 18-20.

（13）Franz Springer, *Die politischen Prinzipien des Rundfunkrechts in den Vereinigten Staaten von Amerika, Italien, England und Sovietrußland*, Diss. Erlangen 1935.

（14）自発的な自己検閲の例については，以下を参照。Steele, a. a. O., S. 18-24. NBC が，かつてのローズヴェルト協力者で後に批判的になったラジオ・コメンテイターのヒュー・ジョンソンを解雇したことは，先走った服従の例である。この解雇は，ホワイト・ハウスの提案によってではなく，NBC 社長フランク・ラッセル自らの発案で行われた（Steele, S. 128ff.）。「放送局は，自分たちの価値を権力にある者たちに証明することによって，潜在的に有害な介入からの安全を求めた」。行政との，何よりもホワイト・ハウスとの「緊密で友好的な協力関係」が政策であり，結果であった。「行政が言わねばならないすべてのことは，レポーター，編集者，発行人を通さずに電波に乗った」（Steele, S. 20）。認可・監視当局（合衆国通信委員会）が 1934 年に，「教育番組」のための放送時間を政府にもっと与えるようにと迫ったとき，NBC の社長は，彼のネットワークだけでその年すでに 250 時間以上「教育」（プロパガンダの政治用語）番組を放送していると答えた。

（15）In : Hermann Rauschning, *Gespräche mit Hitler*（1940）, zit. n. Joachim C. Fest, *Hitler*, Berlin 1996, S. 187-88. 実際にヒトラーがこのように話したということは，『わが

闘争』における意見が証明している。たとえば，プロパガンダについて，「私はそれを，社会主義的・マルクス主義的諸政党が名人芸のように操る装置だと思った」とある（München 1943, S. 193）。

(16) A. a. O., S. 552.

(17) 「通貨」については，Edward L. Bernays, "Molding Public Opinion"（in : *Annals of the American Academy...*, a. a. O., S. 84）.「操作」については，Harold Lasswell, "The Person : Subject and Object of Propaganda"（*Annals*, a. a. O., S. 189）.「行為によるプロパガンダ」については，Harold Lasswell, "Politics : Who Gets What, When, How" O. O. 1936（Repr. Glencoe, Ill. 1951）, S. 335.

(18) 以下のことに関しては，次を参照。Richard Albrecht, "Symbolkampf in Deutschland 1932 : Sergej Tschachotin und der 'Symbolkrieg' der drei Pfeile gegen den Nationalsozialismus als Episode im Abwehrkampf der Arbeiterbewegung gegen den Faschismus in Deutschland"（in : *Internationale Wissenschaftliche Korrespondenz zur Geschichte der deutschen Arbeiterbewegung*, Bd. 22/1966, S. 498–535）und Karl Rohe, *Das Reichsbanner Schwarz Rot Gold : Ein Beitrag zur Geschichte und Struktur der politischen Kampfverbände zur Zeit der Weimarer Republik*, Düsseldorf 1966.

(19) Zit. n. Albrecht, S. 506. エルンスト・ブロッホは，後から 1937 年に，ナチズムに対する共産党のプロパガンダに対して同様な批判を行った。「唯物論的ロゴス，つまり唯物論的弁証法については何も言うことはないが，人間は石からできているのではない。革命は理性に働きかけるだけではなく，社会主義者たちが非常に長い間，軽視してきた幻想にも働きかける。ナチスは嘘をついたが，それは人間に対してである。一方，社会主義者はまったく真実を語ったが，それは事物についてである。人間に対して，彼らの事柄について完全に真実を語ることが肝要である」（Ernst Bloch, "Kritik der Propaganda", in : *Neue Weltbühne* 25. 5. 1937, S. 553）。

(20) Franklin D. Roosevelt, *Unser Weg*, Berlin 1934, S. 143–44（Fireside-Talk vom 24. 7. 1933）.

(21) Hugh Johnson, zit. n. Schlesinger, *The Coming of the New Deal*, S. 114.

(22) Zit. n. Andrew Davis Wolvin, *The 1933 Blue Eagle Campaign : A Study in Persuasion and Coercion*, Diss. Purdue University 1968, S. 51.

(23) 青鷲キャンペーンにヴォランティアで活発に協力した人びとの全体数は 150 万人と見積もられている（Ernst Basch, *Das Wiederaufbauwerk Roosevelts*, Zürich 1935, S. 110）。

(24) John Kennedy Ohl, *Hugh S. Johnson and the New Deal*, Dekalb/Ill. 1985, S. 140, 106, 102.

(25) Zit. n. Hugh S. Johnson, *The Blue Eagle from Egg to Earth*, NY 1935, S. 154–55.

(26) Zit. n. Garraty（1973）, S. 930.

(27) Rede Johnsons vom 4. 9. 1933. Zit. n. Wolvin, S. 194–95.

(28) Wolvin, S. 197.

(29)『ニューヨーク・タイムズ』のローズヴェルト・シンパであるアン・オヘア・マコーミックは，このキャンペーンをあとから，「規約の内外にいる人びとに，現代生活の中心的問題について熱心に考えることを強制する教育機関」と呼んだ (*New York Times*, Sunday Magazine, 8. 7. 1934)。

(30) Ausgabe vom 26. 7. 1933, zit. n. Wolvin, S. 221.

(31) William E. Berchtold, “The World Propaganda War” (in : *North American Review*, Bd. 238/1934, S. 429). 同じ論文の中で，次のように言われている。「多くの宣伝大臣は，ローズヴェルトのノートから数頁を利用することができた」(S. 429)。

(32) Ethan Colton, *Four Patterns of Revolution : Communist USSR, Fascist Italy, Nazi Germany, New Deal America*, NY 1935, S. 270. 次のような限定が続く。「しかし，闘争精神が欠けていた。比較すれば，反応は不十分であった。十字軍精神を創り上げようとする努力は失敗した。ニューディールは犠牲もヒロイズムも引き起こさなかった」(ebd.)。

(33) 1933 年 9 月 9 日。『スペクテイター』誌もほぼ同じ内容である。「戦時心理が拡がっている。アメリカ市民による政府の努力への批判は，裏切りに等しく，外国人によるものは無礼に等しい。……不寛容はユーモアの欠如という徴候を伴っている」(1933 年 9 月 22 日)。

(34) *Daily Herald* 13. 12. 1933 (zit. n. John Dizikes, *Britain, Roosevelt and the New Deal : British Opinion 1932–1938*, New York/London 1979, S. 163).

(35) Robert de Saint-Jean, *La vraie révolution de Roosevelt*, Paris 1934, S. 51. 効果的に上げ下げされる幕のイメージは，『世界評論』のある記事の作者に非常に感銘を与えたらしく，彼は，出典を挙げることなく，文字通りに引用している (Marquis La Londe, in : *La revue mondiale*, 1.–15. 9. 1935, S. 4)。

(36) Simone-Maxe Benoit, in : *Revue politique et littéraire*, Bd. 164 (Juli 1935), S. 59.

(37) Marquis La Londe, a. a. O., S. 3.

(38) Louis Rosenstock-Franck, *L'Expérience Roosevelt et le milieu social américain*, Paris 1937, S. 115.

(39) Bernard Fay, “Deux ans d'experience Roosevelt” (*Revue des deux mondes*, 1. 3. 1935, S. 37–38).『新チューリヒ新聞』の報告も同様である。「国民的熱狂の感情に訴えかける以外に，恐怖の感情にも訴えかける必要のあることがすでに明らかになった」(1933 年 9 月 3 日)。

(40) Fritz Morstein Marx, *Government in the Third Reich*, London/New York 1937, S. 96.

(41) ナチ党指導部（政府ではない！）による 1933 年 4 月 1 日のボイコット呼びかけの意図は，それに先立つ週の革命的運動の中で羽目をはずしたナチ党下部党員をもう一度統制下に置くことであった。最初から一日に決められ，中央で組織されたボイコットは，実際の暴力と暴力への用意を象徴的に束ねて管理可能にする最

良の手段であるように思えた。第一に，社会革命的なナチ党下部組織のガス抜きが問題であり，第二に，党指導部にとっては，二重の意味での正当化が重要であった。党指導部は「国民運動」の頂点に陣取り，こうして運動から頂点を奪うことによって，支持者と敵対者双方に，状況を支配していることを示すことができた。とはいえ，こうした計算は，半ばしかうまくいかなかった。たしかに，公式に呼びかけられたボイコットによって，ユダヤ人資産に対する「無法な」攻撃の根は絶たれた。しかし，外国および自国の公衆に対するめざされた効果は生じなかった。それどころか，政府がユダヤ人の差別と迫害を公式の政策にしたことによって，逆の結果がもたらされた。党指導部が非暴力をいくら呼びかけ，警告を発しても，ユダヤ人商店の前に立つ突撃隊員たちが，専制，暴力，無力な人びとの抑圧のイメージで捉えられることは何も変わらなかったのである。このボイコットが引き起こしたのは，集団的な連帯，熱狂，犠牲の用意ではなく，せいぜいのところ，一方では大衆の好奇心，センセーション欲，サディスティックな本能の覚醒であり，他方では怒りを露わにした正義感，道徳的な嫌悪感であった。

ボイコットが小商人に向けられずに，所有者の所属宗派にかかわりなく，大百貨店や銀行に向けられた場合には，4 月 1 日はまったく別の出来事になりえたであろう。そのような行動が起こらなかったとは――それについての報告は残されていないけれども――想像しがたい。

(42) Lasswell, *Politics*, a. a. O., S. 360.

(43) “Opferritual und Volksgemeinschaft an Beispiel des Winterhilfswerks” (in : *Faschismus und Ideologie, 2. Sonderband “Das Argument”*, Heft 62, Berlin/West 1980). Herwart Vorländer, “NS-Volkswohlfahrt und Winterhilfswerk des deutschen Volkes” (in : *Vierteljahresschrift für Zeitgeschichte*, Bd. 34/1986, S. 365ff.). Florian Tennstedt, “Wohltat und Interesse. Das Winterhilfswerk des deutschen Volkes : Die Weimarer Vorgeschichte und ihre Instrumentalisierung durch das NS-Regimes” (in : *Geschichte und Gesellschaft*, Bd. 13/1987, S. 174ff.).

(44) Aryeh Unger, “Propaganda and Welfare in Nazi Germany” (in : *Journal of Social History*, Bd. 4/1970–71, S. 136).

さらなる類似の一つは，青鷺や冬季救済事業のために世論や威嚇の圧力を動員した職員や組織者が，同時に，下部組織の過度に熱心な，暴力を伴う監視活動に対しては，そんなことをすれば意図された効果が逆になるという理由で，警告していたことである。たとえば，ナチ党官房は暴力的強要について，以下のように明言していた。「とくに熱心な住民参加という外からの印象」に対して，「……実際には，共同体の全般的士気は最もひどいダメージを受けるだろう」(Rundschreiben der Parteikanzlei, zit. n. Unger, S. 138)。

(45) この表現は，ローズヴェルトに宛てたケインズの公開書簡に見られる (zit. n. Adelstein 1991, S. 177)。

(46) Pierre Frédérix, “Hitler, manieur des foules” (in : *Revue des deux mondes*, 1. 3. 1934, S. 63).

(47) ここで言うレジームは，狭い意味の政府を意味するのではなく，理解や概念，言説の地平全体，あるいはそれを担うもののパラダイムという広い意味である。「レジームは何らかの単一の決定からの抽象である。それは，すべての決定の体系的で予測可能な要素を表す。それは，政府や中央銀行が行わなければならない個々の決定を貫く糸である」(Peter Temin, *Lessons From the Great Depression*, Cambridge/Mass. 1989, S. 91)。

(48) 社会を危機克服のための力強い行動へと動員することは，「劇的で大いに目に見える変化，……広範囲に理解されうる変化のシンボル」によってのみ可能である(Peter Temin, S. 92)。

「より実質的な行動のために闘争用語や象徴的行為を代用する，ローズヴェルトの傾向」については，以下を参照。Paul Conkin, *FDR and the Origins of the Welfare State*, NY 1976, sowie Conkin/David Burner, *A History of Recent America*, NY 1974, S. 236–37, 243, 248.

租税政策を例にした，実質的戦略に代わる象徴的戦略については，以下を参照。Mark H. Leff, *The Limits of Symbolic Reform : The New Deal and Taxation, 1933–1939*, Cambridge/London/New York 1984.

(49) Hartmut Berghoff, “Enticement and Deprivation : ‘The Regulation of Consumption in Pre-War Nazi Germany’” (in : Martin Daunton/Matthew Hilton, Hg., *Material Culture and Citizenship in Europe and America*, Oxford/New York 2000, S. 167).

(50) Thomas Vernor Smith, “The New Deal as a Cultural Phenomenon” (in : F. S. C. Northrop, Hg., *Ideological Differences and World Order : Studies in the Philosophy and Science of the World Cultures*, New Haven 1949). ウォーレン・サスマンは，これを文化産業（映画，ラジオ，スポーツ）の新しい技術的質とギャンブルの増加で説明している。後者はたしかに一方では，意気消沈する現実に対する逃避的な対抗世界を形成するが，同時に「本質的な価値を維持，強化し，希望の感覚を存続させる」道でもあった。「……1930 年代の生活を……支配した，特別な種類のゲームの増加は，社会を強化する傾向にあった。ダンスですら，大規模な参加や緊密な協力というほぼ民衆流の形式への回帰を表していた」(a. a. O., S. 162)。

ローズヴェルトの政治心理学について，その労働長官フランシス・パーキンズは次のように言った。「彼は政治というゲームを好み，それを達人のように行った」(Smith, S. 227)。

政治ジャーナリストのスターでベストセラー作家のスチュアート・チェイスは，1932 年の選挙年に真っ先にニューディール概念を公的な議論に導入した——ローズヴェルトがそこからこれを選挙プログラムに受け入れた——人物であるが，彼ですら，政治のゲーム化に彼なりに貢献した。経済恐慌克服のために，アメリ

カ資本主義とロシア社会主義の間の第三の道を提案した『ニューディール』（1932年8月）という彼の本は，「なぜロシア人は世界を作り直すことを楽しむべきなのか」という文章で終わっている（Stuart Chase, *A New Deal*, New York 1932, S. 252）。

(51) フランス人民戦線政府は，1936–37年に，とくに最小限有給休暇制度の導入とツーリズム産業の国家による助成を通した余暇部門の促進をそのプログラムの中心に据えた。

(52) Roger Caillois, *Die Spiele und die Menschen. Maske und Rausch*, Frankfurt/M. / Berlin/Wien 1982, S. 64.

第4章　新しい空間

(1) 土地は，1929年以後，経済的な保険心理・安定心理の中で，自由主義的な世界経済の崩壊までは金がもっていた地位を占めた。中央銀行の地下室にライン川のニーベルンゲンの財宝よろしく横たえられた金準備は，通貨と世界貿易の確実性と安定性を保証する「価値基盤」であった。1914年まで流通していた金貨は，この確実性を日常生活にまで行き渡らせていた。それが消えたことと，第一次大戦中におけるヨーロッパの金準備のアメリカ合衆国への流出（こちらでは半分に，あちらでは倍に）は，金本位制とそれに結びついた安心感から基盤を奪った。これに続いたのは，1920年代における復活の試みであり，ついで，1929年の崩壊による最終的な金の時代の終焉である。「金からの離脱」（Alexius Boér jun.: "Die internationalen Goldbewegungen". In : *Weltwirtschaftliches Archiv*, Bd. 31/1930, S. 462）は，経済的安全心理の「土地化」（Ver-Erdung）に道を開いたと言えよう。

　金の通貨には，確実性の保証とならんで，重心保証・平衡保証があると見なされた。1929年まで支配的だった確信によれば，金準備なしには通貨はあらゆる尺度，重み，価値を失い，重力と平衡感覚なしにあてどなく，ふわふわと漂うだろう。

　金に依存するこの心理は，金利生活者文化に刻印されたフランスで最も長い生命力をもった。ここでは金本位制からのあらゆる逸脱は，市民層を破滅させる直接的な脅威だと見られた。その余韻は，1967年にド・ゴールが表明した，通貨を裏づける金はフランの「安定性，公平性，普遍性」であるという確信にまだ見られる。

　ケインズが初めて認識したように，貨幣を，拡張的な金融・投資政策の枷だと見なされた金との結合から解放し，1945年以来西欧世界を経済的のみならず文化的・心理的にも規定する国家，経済，消費社会の新しい大複合体を創り出すためには，金本位制心理がなくなることが必要であった。今日では，国民（Nation）の経済的業績能力とこれに結びついた消費能力が，かつての金と同じく確実性保証，平衡保証として体験されている。したがって，1930年代のアウ

タルキー心理において究極的な価値と見なされた土地は，金の時代と消費の時代との間の，忘れられた連結環と理解することができる。

1936 年にアメリカ合衆国の金準備がニューヨークから，ケンタッキーのフォート・ノックスに新たに建設された財務省金保管所に移送されたのだが，このことも，恐れられ軽蔑されていた「金権支配」から権力を剝奪しておとなしくさせる，もう一つの象徴的な行為，すなわち，商人の魔手から国民の懐への金の帰還として意図されていたと言えよう。

（2） Ferdinand Fried, *Wende der Weltwirtschaft*, Leipzig 1939, S. 387.

（3） Ferdinand Fried, *Autarkie*, Jena 1932, S. 42.

ベルンハルト・ラウムは，前自由主義的な経済の「有機的な」単位の崩壊や，世界貿易と世界経済的分業による有害な「諸極端」の形成について述べている。「種々の極端は死線であって，生の保障は中間にのみある」，すなわち有機的・国民的アウタルキーにある，と（Bernhard Laum, *Die geschlossene Wirtschaft : Soziologische Grundlegung des Autarkieproblems*, Tübingen 1933, S. 466）。

（4） ファシズムとナチズムの（ならびに日本の）拡張は，それらの帝国主義的局面においても，追加的な販売市場の獲得という西ヨーロッパ的意味での植民地主義ではない。むしろ，エチオピア，東欧と満洲の征服は，生存圏というナチ概念がすでに言い表しているように，もともとの国内植民の拡張として理解された。

（5）「銀行業・通貨に関する上院委員会」は，1933-34 年に 20 年前の投機バブルの暴利を国民の目の前に暴いた。「軍需工業投資に関する上院特別委員会」は，「死の商人」は国民を犠牲にしてもうけただけでなく，国民をそもそも戦争に引き込んだのだという結論に達した。

（6） この数年，エコロジー的なマルクス解釈がマルクスのこの側面を浮き彫りにした。この解釈のマルクスは，土地の資本主義的搾取と労働者の搾取は一対をなすものだと見なしている。晩年には彼は，大地の弁護人として，「鈍感な」大規模農業経営よりも，「自然な」感情移入によって自分の畑と結びついている私経済的小農民の方がすぐれていると考えた（John Bellamy Foster, *Marx's Ecology : Materialism and Nature*, New York 2000, S. 165. 次も見よ。Paul Burkett, *Marx and Nature : A Red and Green Perspective*, 1999）。

（7） こう述べても，テーヌとバレスの「大地を重視する」地域主義がユリウス・ラングベーン，アルトゥーア・ファン・デン・ブルック，フリードリヒ・ラッツェル，その他世紀末ドイツの文化批判家たちの土地暗喩と同じだと言おうしているのではない。1880 年代と 90 年代のフランス，ドイツ，イギリス，アメリカの「血と土」イデオローグは互いに，それぞれの郷土建築様式と同じぐらい異なっているが，同じ基本潮流に棹さしている。残念なことにこの時期に関する叙述（たとえばフリッツ・スターン，ヨースト・ヘルマント，シュテファン・ブロイアー）は，つねにドイツの「特別な事例」だけに限定されている。

(8) ル・コルビュジエは1920年代に大都市の問題に関心をもち，「輝く都市」の構想を発展させていたのだが，その後，1930年以降，「輝く農場」という形での農村空間の組織に没頭した。その影響は，メアリ・マクリードが述べたように，彼の形態表現の変化に現れた。「彼の形態上の表現は，国際様式の白い平面的な表面とシンプルな立方体の形態から，材質感，曲線のある形態，そして気候と幾何学に対するより大きな敏感さとを含む，より有機的な美学とでも呼べるものへと，……静的なデカルト的イメージが投影されたものから，適応しつつ成長する過程と地域的なヴァリエーションという観念へと変化した」(Mary McLeod, *Urbanism and Utopia : Le Corbusier From Regional Syndicalism to Vichy*, Diss. Princeton Uni. 1988, S. IV)。別の箇所でマクリードはル・コルビュジエについて，「プラトン的抽象から，地域の慣習と技術に敏感なより『有機的な』構造様式への移行」を語っている (S. 314)。

「輝く都市では，大地から離れて，テクノロジー的ヴィジョンがいたるところに応用されていた。輝く農場では，それは自然そのものに包み込まれている」(S. 300)。彼女はル・コルビュジエ自身が述べたことを，英語に翻訳しつつ，次のように引用している。「田舎は未来のもう一つの都市である」(S. 237)。「都市は田舎から自然に出てくる結果《コロラリー》であって，逆ではない」(S. 312)。

輝く農場を彼は「土の，地域の，自然の，そして人間の労働のなくてはならない部分」と理解していた (S. 299)。「農場は地域の民俗的表現である。私は民俗を完全に尊敬している」(S. 299)。

(9) ヘンリー・フォードいわく，「農民はマメを育て，私は彼にその代価を払う。さらに，彼はマメを工業的利用に適合させるために前処理を行うだろう。そして，私は彼にその代価を支払うだろう。私は油を塗装に使用し，マメに含まれるエナメルや他の物質を車の一部に使用するだろう。そして，彼は私の車を買うだろうが，それは彼の土地で育つマメを使っているのである」(1933年4月，『キリスト教科学モニター』誌のインタヴュー。Zit. n. Reynold M. Wik, *Henry Ford and Grass-Roots America*, Ann Arbor 1972, S. 192)。

「畑でとれる自動車」の語は，Helmut Magers (1934), S. 112.

(10) Egon Bandmann in : *Deutsche Zukunft* 23. 12. 1934, S. 13 ; Stuart Chase zit. n. Arthur Schlesinger, Jr., *The Crisis of the Old Order*, Boston 1957, S. 201.

(11) Stuart Chase, *Mexico : A Study of Two Americas*, New York 1946 (erstmals 1931), S. 310–11.

(12) メキシコ・モデルのアメリカ合衆国への適用というステュアート・チェイスのヴィジョンはこうである。「直接に……分散化された工業に向かって進む。安価な電力を供給された広々した田舎の小さな工場，ここでは，労働者はそれぞれ自分の菜園をもっている。……さらに脱中央集権化は手工業の維持と振興に理想的に適用される。電気照明，小型発動機，電動工具は陶工，織工，皮細工師，銀細工

師の助けとなりえる」(a. a. O., S. 323-24)。

(13) Zit. n. Jean-Louis Cohen in : Hartmut Frank, Hg., *Faschistische Architekturen*, Hamburg 1985, S. 205.

(14)「共同体的な学術活動における自己管理と自己責任は……この新しい学問構想〔様々な大学にわたる空間研究活動共同体〕の基本的な要素であった。すなわち，ナチスの役所や党組織の直接の圧力，『外部』からの直接的要求はなかった」(Mechtild Rößler, “Die Institutionalisierung einer neuen ‘Wisssenschaft’ im Nationalsozialismus : Raumforschung und Raumordnung 1935-1945”, in : *Geographische Zeitschrift*, Jg. 75/1987, S. 181)。

アメリカの「地域計画」は，すでに 1920 年代に大学で制度化されており，1933 年以後にようやく成立したドイツの空間研究より先行している。しかし，アメリカ合衆国でも，「地域計画」が全国レベルにおける国土計画に貢献するようになったのは，ニューディールによって初めて，したがって，1933 年以降である。

(15) Zit. n. Rößler, S. 186, 182.

(16) Zit. n. David R. Conrad, *Education for Transformation : Implications in Lewis Mumford's Ecohumanism*, Palm Spring/Cal. 1976, S. 110.

(17) 引用はすべて以下から。Howard W. Odum/Harry Estill Moore (Hg.), *American Regionalism*, New York 1938, S. 12 (Lewis), S. 28 (Mumford), S. 3, 639-40 (Odum). オーダムの本の終章のタイトルは「国民的統合に向けて」(Towards National Integration)。

(18) オーダムの引用は a. a. O., S. 637. エリオットの引用は William Yandel Elliott, *The Need for Constitutional Reform*, New York/London 1935, S. 191-93.

(19) たとえば，ドレスデン近郊のヘレラウのような二，三の模範的プロジェクトのみが，自然と建築の結合を超えてハワードの意味での住と職の結合をめざした。もっとも，「労働」とはここでは通常，正規の工場労働や事務労働ではなく，芸術，手工芸，建築，音楽，ダンスなどといった領域での特権化された活動であった。

1890 年代に出た二つのユートピア小説——エドワード・ベラミーの『顧みれば』とウィリアム・モリスの『ユートピアだより』——およびピョートル・クロポトキンのユートピア的な未来ヴィジョン，『田園，工場，仕事場。あるいは，農業と結合された工業，および筋肉労働と結合された頭脳労働』は，「田園都市社会主義」に着想を得た文学的作品と見なしうる。それらは，都市と農村が和解した，より厳密に言うと，都市的・工業的世界が農工混合世界の中へ解消されたポスト資本主義的世界を描いてみせた。

(20) 田園都市から離れて都市の（街区）団地へ，という 1918 年以後の発展について前に述べたことを，ここで部分的に修正せねばならない。ドイツでは，それは 1924-29 年の繁栄の時期に起きた。これに対して，第一次大戦後初期の表現主義

の時代には，多くの建築家が，革命後は田園都市の理念を実現でき，それとともに新しい「都市農村文化」（レベレヒト・ミッゲ）の創造や「都市の解消」（ブルーノ・タウト）をなしえると信じていた。ハーランダーが指摘するように，1919-20 年に大都市を田園都市に取って代えようとし，1924-29 年の時期には大都市の新即物主義的な賛美者にして神話形成者となり，1930 年以後にはあらためて農村的理想を説教したのは，部分的には同じ人びとであった（Harlander, *Heimstätten-Wohnmaschine*, S. 33)。

（21） Paul Conkin, *Tomorrow a New World : The New Deal Community Program*, Ithaca 1959, S. 239-40.

（22） Conkin, S. 246ff. エレノア・ローズベルトのイニシアティヴで，有名なバラード・メモリアル学校の女教師が雇用された。また，アメリカの教育哲学者ジョン・デューイや，コロンビア大学のティーチャーズ・カレッジの学部長のような，アメリカ教育制度の他の第一人者たちが助言者として引き入れられた。

（23） Conkin, S. 118.

（24） ニューディールとイタリア・ファシズムの数少ない比較研究の一つにおいて，アメリカの入植者の規制についてこう述べられている。「入植者たちはもっともなことながら，まったく彼らの自由に委ねられすぎてローンを獲得することができない，つまり入植プロジェクトにとどまり続けることができないと感じ，［他方では］自分たちは監視されており，プライヴァシーが不合理にも侵害されていると感じる者もいた」(Diane Ghirardo, *Building New Communities : New Deal America and Fascist Italy*, Princeton 1989, S. 181)。

イタリア（およびドイツ）の入植との比較については，以下の通り。「アメリカの協同住宅は，政府によるコントロールの種類において，ドイツやイタリアの国家主導の協同住宅とは劇的に違っていた。後者では，建設が完了するや，紛争の調停に呼び出された場合を除き，政府は姿を消した。アメリカの協同住宅は日々の運営の中で，家父長的な，究極的には権威的なコントロールによって協同住宅を通じた抜本的な社会的変化を実現しようとする，断固たる気迫をあらわにした」(ebd., S. 138)。

（25） Roswitha Mattausch, *Siedlungsbau und Stadtneugründungen im deutschen Faschismus*, Frankfurt/Main 1981, S. 79.

（26）「土地との再結合」は，Harlander 1995, S. 60ff. より，「田舎への定住化」は，Münk, S. 181 より引用。

フェーダーが——もちろん 1934 年の政治的失脚後に——細部にまでわたって展開した農村都市プログラムについては，Dirk Schubert, “Gottfried Feder und sein Beitrag zur Stadtplanungstheorie” (in : *Die alte Stadt*, Jg. 13/1986, bes. S. 204ff.).

こうした構想を提起したのはフェーダーだけではない。すでに 1931 年にルドルフ・ベーマーは当時センセーションを巻き起こした本『相続権剝奪者の遺産』

で，住民数が 1 万 2 千人を超えない農民市民都市の創設を要求していた。同様に 1933 年以前に，社会民主主義者で近代主義者のマルティン・ヴァーグナーも住民 5 万人の分散化した農村中都市の構想を発展させた（Harlander/Hater/Meiers, S. 57–58）。1934 年 1 月 24 日付の『ドイツ建築新聞』において，C・Chr・レルヒャーの類似の計画が報じられている。それは「帝国中に健全な間隔で交通の結節点，小さな農村都市の網の目を配置する」（S. 62）というもので，それらの都市は経済的に周辺地域と結びつけられることになっている。もちろん，これらすべての計画の背後にエベネザー・ハワードの田園都市——緑豊かなところに開かれた居住都市へのその翻案ではなく，もともとの構想——がある。

(27) ニューディールにおける入植制度の行政的再編（M・L・ウィルソンの「自給自足農場局」からタグウェルの「再定住局」への移行）とほぼ同時に，「第三帝国」においてフェーダーの入植制度帝国全権委員職は，新設の「帝国菜園付き小住宅局」（Reichsheimstättenamt）に吸収された。

(28) ワシントン DC，シンシナティおよびミルウォーキーの近郊に成立したグリーンベルト・タウンは，自前の経済的基盤をもつ入植地ないし衛星都市ではなく，これらの大都市で働く人びとのための純粋な住宅・余暇施設となった。たしかに次のことに注意が払われていた。それらが緑の中にあり緑がふんだんに取り込まれていること。投機を防ぐために土地（Grund und Boden）が譲渡できない共有財産であること。コミュニティ・センター，スポーツ広場，プールのような共同体の施設があること。賃貸料が所得水準の低い人びと（失業者は問題にならない）にとって調達可能であること。しかしながら，ハワード的なものの本質——田園都市は伝統的な都市類型に対置された独自の都市類型であった——は，タグウェルの計画ではなんの役割も果たしていない。彼のグリーンベルト・タウンは，イギリスの模範の模倣というよりもむしろ，「われわれ自身の都市人口動態の研究」の帰結であった。「それは都市周辺における絶えざる人口増を示しており，このことは田舎エリアとメトロポリス的中心の両方における，鈍い成長や実際の人口減少と対照をなしていた。換言すれば，それ〔グリーンベルト・タウンの計画〕は，趨勢を巻き戻そうと試みたのではなく趨勢を受け入れたのである」。「敗北地域」（旧市街中心や農村）ではなく，そうでなくとも将来性のある都市周辺地域を助成しようとすることは，ホームステッド政策を正反対のものに変えることに帰着する。

タグウェルはグリーンベルト・タウンにおいて，「田舎・工業」の混合による不均衡の調整の代わりに，「農場から都市への不可避的な移動のより整然としたパターン」をめざしたのである（強調は引用者）。この場合，「田舎から都市へ」というタグウェルの言い回しは，彼自身が繰り返し強調しているように，この動きが本来的に都市へ向かっているのではなく，周辺地域，グリーンベルト，将来の郊外へと向かっている限りで，誤解を招きやすい。結局は，グリーンベルト構

想はイギリスの田園都市のというよりも，むしろアメリカのフロンティア運動の影響を受けていた。後者が「使い果たした」土地片を気にかけることなく，たえず新しい手つかずの自然をむさぼり食いながら，国民のつねに前進する拡張エネルギーの中心をなしたように，古典的なフロンティアがとっくに消滅した今や，都市と農村の間の将来性ある地域が主たる関心の的になったと言えよう。

「使い果たした」土地にけっして頓着しなかった古いフロンティアと違って，新しいフロンティアは創造的な反作用を及ぼした。「私のアイデアは人口密集地の外へ行って，安い土地を手に入れ，丸ごとコミュニティをつくり，そこに人びとを誘い込むことだ。それから町へ戻り，スラムをまるごと取り壊して公園にすることである」。ここに見られる通り，ホームステッド・プランナーとはまったく別の方法，別の条件下で，別の期待をもって，タグウェルもまた，彼のグリーンベルト・タウンでふたたび都市と農村の中間の混合形態をめざしていた。前者が経済的に没落した地域から出発し，その水準を引き上げようとしたとすれば，彼の注意は上昇する地域に向けられており，その刺激が反作用して困窮地域が再生することを期待したのである。郊外，すなわち第二次大戦後のアメリカの居住救済教義は，この成功の処方箋に従ったのであり，まさにこのために，自給自足農場はほとんど忘れられたのに対して，三つのグリーンベルト・タウンがアメリカ合衆国の都市計画家にとって規範的な地位を占めているのである。

(29) Dieter Münk, *Die Organisation des Raumes im Nationalsozialismus*, Diss. Bonn 1993, S. 409.

(30) Clemens J. Neumann, “Deutsches Siedeln und symbolisches Bauen” (in : *Siedlung und Wirtschaft*, 1934, S. 476).

(31) H. Rauschning, *Gespräche mit Hitler*, zit. n. Harlander, *Heimstätte-Wohnmaschine*, S. 73.

第 5 章　シンボル建築

(1) Bernice Glatzer Rosenthal, *New Myth, New World*, University Park 2002, sowie dies (Hg.), *Nietzsche and Soviet Culture*, Cambridge 1994. 彼女は五カ年計画は「ディオニュソス的集団主義」だと言っている。

(2) Hans Siemsen, *Rußland. Ja und Nein*, Berlin 1931, S. 147. その他の引用は Albert Rhys Williams, *The Soviets*, New York 1937, S. 147.

(3) Mario M. Morandi, “L’Introduzione all’Agro pontino” (in : *Civiltà fascista*, Bd. 2, 1935, S. 1009–1010).

(4) Valentino Orsolini-Cencelli, “Littoria e la bonificazione dell’Agro pontino” (in : *Gerarchia*, Jg. 1933, S. 850).

(5) ジェフリー・シュナップはファシズムにおける個人主義と集団主義の関係を，トラックの象徴的な意義を例にして――より厳密に言えば，ファシズムの神話形成にとって重要なトラックのモデルを例にして――論じた（Jeffrey Schnapp,

Staging Fascism : 18BL and the Theater of the Masses for the Masses, Stanford 1996)。

シュナップは，1934年にフィレンツェの門の前で行われた大衆劇場的な野外劇場の演出を描き出している。そこでの「英雄」は，フィアット社のBL18型トラックである。これは，第一次大戦中のイタリア軍の中心的輸送手段であり，1919年以後はファシストの一団を工場の門や社会主義者の党事務所に運んだ乗り物であった。権力掌握後，BL18はファシズムによる国家建設のシンボルとなった。すなわち，1914年以前のレーシングカーや飛行機のように，一体となった人間とマシーンであるが，違いは今や「パイロット個人」ではなく，乗務員，戦士からなる集団が中心だということである（1934年の劇場企画では，もともと共産主義者に殺害された一人のファシスト「殉教者」が英雄として予定されていたが，しかしその後，BL18のために放棄された）。「トラックは，兵士輸送車であると同時に男女ファシストの一人一人，控えめで英雄的な兵士であり，ジョヴァンニ・ベルタの殉教した肉体と同じ力強い反応を引き出す……ことができる」（Schnapp, S. 55）。もう一つのうるわしい言い回しはこうである。「革命の生みの母」としてのBL18（S. 56）。

象徴的なことに，トラックは鉄道という大量輸送手段と，ナチズムが国民車として助成したような，個人交通のための乗用車の中間にあった。「トラックは，一方では工業や都会のプロレタリアートとの……結びつき，他方では近代化された農業や農民との……結びつきゆえに，近代的輸送の歴史の初期に集団性のシンボルとして出現した。列車の場合と違って，トラック旅行によってかなえられる自律性と自由の例外的な程度ゆえに，当の集団性をただちに国家と同一視することはできない」（Schnapp, S. 54, 強調は引用者）。

（6）本来のアグロ・ポンティーノ，干拓されたかつての湿地帯には，リットリア，ポンティニア，サバウディアのみがあった。アプリリアとポメツィアは北西部の外側にあったが，地域的に見ても計画の上から見ても，また建築的にもアグロの一部と理解された。

（7）「非－都市」は，Riccardo Mariani, “Monumentalismus und Monumente”（in : *Realismus : Zwischen Revolution und Reaktion*, München 1981, S. 418）から引用。

ムッソリーニの拡声器だった建築家マルチェロ・ピアチェンティーニは，一方では新都市の田園都市的な配置と周辺へのその有機的な結合を賞賛した。しかし，同時に新都市はあまりに規模が大きすぎ，そのもろもろの公共施設は使われないだろうと批判した。この矛盾に言及したヘンリー・A・ミロンは，こう付け加えた。「彼〔ピアチェンティーニ〕は自分が言わんとするところを説明しなかったし，私はまだ彼の念頭にあったかもしれないことを見抜いていない」（Henry A. Millon, “Some New Towns in Italy in thc 1930s”, in : ders. u. Linda Nochlin, Hg., *Art and Architecture in the Service of Politics*, Cambridge/Mass. 1978, S. 332–33）。新都市がその緑地にもかかわらず田園都市ではなかったことを認識するのは，実際簡単では

ないようである。同時代の国際的評価も，それを田園都市という意味で賞賛した。

同様に矛盾するのは，新都市と古典的田園都市との関係についてのダイアン・ジラルドの発言である。彼女は，ある箇所では，それらはまったく異なる構想だと語り（Diane Ghirardo, a. a. O., S. 60），別の箇所では，アグロ・ポンティーノにおける新都市とアンウィンの田園都市との類似性を述べている（S. 81）。

（8） Zit. n. McLeod, a. a. O., S. 308. ル・コルビュジエのファシズムへの共感は，次の発言に示されている。「精神力をもった国家，つまりイタリアの現在の光景は，近代の精神が今にもあふれ出ようとしていることを告げている。純粋さと力のその光は，卑怯者と搾取者によって混乱させられた道を照らしている」（zit. n. Mcleod, S. 330）。

（9） Zit. n. Valentino Orsolini-Cencelli, “Littoria e la bonificazione dell’Agro Pontino” (in : *Gerarchia*, Jg. 1933, S. 851).

（10） Corrado Alvaro, *Terra nuova. Prima cronaca dell’Agro Pontino*, Mailand 1989（Reprint, Erstveröffentlichung 1934）, S. 15, 26, 29, 47–48, 78.

（11） Jeffery T. Schnapp, *Staging Fascism : 18BL and the Theater of Masses for Masses*, Stanford 1996, S. 57.

（12） アグロ・ポンティーノの干拓によってフィナーレを迎える BL18（注 5 を見よ）の大衆スペクタクルでは，カエルのガーガーという鳴き声にリベラルな議会主義を連想させるシーンが見られる。「舞台左手のくぼみに，沼地が見えてくる。……アシがいっぱい茂り泥沼が泡立ち，沼地は水蒸気を発し，流言，中傷，猜疑の声と混ざり合ったカエルのようなガーガーという鳴き声を響かせている」（Schnapp, a. a. O., S. 75）。

（13） 東プロイセン計画は，ゴットフリート・フェーダーのようにナチ党の「中間層社会主義」派に属する大管区指導者エーリヒ・コッホに由来した。その住民政策的・地域政策的根拠づけは，アグロ・ポンティーノのそれと照応していた。東プロイセンは，自由主義的工業化の犠牲を最も多く払わされた地域の典型であり，住民のルール地方への流出，過疎化，荒廃によって人口動態上の大損失が生じていた。この地は，地理的位置のせいで「西部から東部へ，大都市から地方へ，兵営のような賃貸アパートから故郷へ向かうドイツ民族の前哨地点，露払い」（Erich Koch, *Aufbau im Osten*, Breslau 1934, S. 65）としての役割を，本来的にもっていた。

ワイマル共和国の「東部救済」に比べて，東プロイセン計画は，新レジームによってのみ構想され実現されうる大きな飛躍だと称された。西部ドイツの工業集積地域からの移転による中小工業の移植と，工業労働者の農民市民への転換によって，住民数を 200 万から 350 万へと 150 万人増加させることが計画された。こうして工業的西部の「負担軽減」とひずみの補正，および東部ドイツの過疎空間の住民増加がもくろまれたのであった。

同時に，西部ドイツ工業は，東プロイセンにおいて，「今日まだ根こぎにされている存在［＝西部における失業者］の新しい意味を見いだすことができ」，再生を果たしうるとも考えられた。(Heinz Schmalz, *Die Industrialisierung Ostpreußens als Schicksalsfrage für den gesamtdeutschen und osteuropäischen Raum*, Berlin 1934, S. 15)。シュマルツが東プロイセンに見ていたのは，中小工業と農業からなる有機的な構造をもつ，東方の新しい「オランダ」やヴュルテンベルクになる可能性，およびその他の東方の植民のための橋頭堡の役割である。1934–35年の時期に，鳴り物入りで呈示された東プロイセン計画は，これらすべての要素を含んでいた。すなわち，自由主義によって荒廃させられた景観をふたたび文化的なものにするヴィジョン。ヴュルテンベルクの模範にならった，小工業と農業が調和的に混在・併存する中間層的な混合経済の建設。したがって，ほとんど処女地の上で農村都市構造を実現すること，要するに，自由主義によって荒廃させられた景観から純粋に国民社会主義的な文化を創り出すことがもくろまれていたのである。ローズヴェルトの伝記作者でタート・サークルの一員であったヘルムート・マーガースは，東プロイセン計画とニューディールのテネシー川流域開発公社に，多くの共通性を見た（Magers 1934, S. 110–11)。

威信プロジェクトおよびプロパガンダ・プロジェクトとしての東プロイセン計画は，アウトバーンのために放棄されたのだが，開戦後に，征服した東方空間の植民地化の種々の計画や試みの中で，類似の構想の大規模な新ヴァージョンが出現した。これはイタリアのエチオピア征服の後，そこへの入植がアグロ・ポンティーノの大規模な継続となったのと同様である。

(14) フォードのマッスル・ショールズ計画については以下を見よ。Reynold M. Wik, *Henry Ford and Grass-Roots America*, Ann Arbor 1972, S. 112–13. David E. Nye, *Electrifying America : Social Meaning of a New Technology, 1880–1940*, Cambridge/Mass. 1990, S. 298. Ronald Toby, *Technology as Freedom : The New Deal and the Electrical Modernization of the American Home*, Berkeley/Los Angeles/London 1996, S. 48–49.

ウォルター・L・クリーゼ（Walter L. Creese, *TVA's Public Planning : The Vision, The Reality*, Knoxville 1990）は，フォードのマッスル・ショールズ計画を，TVAの単なる先駆と見なさず，それが後者に与えた重要な影響を認めただけでなく，それを後者よりもはるかに急進的だと考えた，ただ一人の歴史家である。「後のTVA思想家の計画は，フォードのヴィジョンのバランス，壮大さ，すべてを包摂する雰囲気に真に匹敵するものではけっしてない」(S. 29)。

(15) 遠い目標は，歴史的な連邦国家に代わってアメリカ合衆国を諸地域に再編することであった。TVAは一種の実験プロジェクトだと考えてよい（William E. Leuchtenburg, "Roosevelt, Norris and the 'Seven Little TVAs'", in : *The Journal of Politics*, Bd. 14/1954, S. 418)。ニューディール以外でもそのようないくつかの計画があった

ことについて，Edward M. Barrows, “United Regions of America : A New American Nation” (in : *New Outlook*, Mai 1933, S. 19ff.) を見よ。

(16) ローズヴェルトの引用は以下より。Schlesinger, *The Coming of the New Deal*, S. 324. TVA の合憲性に関する同時代の疑念は，たとえば政治学者デイヴィッド・ミトラニー（David Mitrany）の文章に見られる。「憲法におけるいかなる公式の修正もなしに，TVA は実際に合衆国の立憲主義的構造に新しい次元を導入した。自律的な権威として行動することによって，それは地域の個々の州，それらの制度，および州の下部組織と契約上の関係に入った。これらの関係は，すべての政治的境界線と交錯しそれらを包摂する，協調的な，統一された，多目的の事業へと発展した。それは，TVA の管轄権が議会によって委託された機能に限定されていたので，実際的であった。すなわち，限定された機能のための全権（full power）の別のケースである」（強調は引用者）。

公共企業体の成立史とこれに関わる革新主義のイデオロギーについては次を見よ。Susan Tenenbaum, “The Progressive Legacy and the Public Corporation : Entrepreneurship and Public Virtue” (in : *Journal of Policy History*, Bd. 3/1991, S. 309–30.

(17) David E. Lilienthal, *Democracy On the March*, NY/London 1994, S. 1–2.

(18) Arthur E. Morgan, “The Human Problem of the Tennessee Valley Authority” (in : *Landscape Architecture*, April 1934, S. 123). Donald Davidson, *The Tennessee*, Bd. 2, NY/Toronto 1948, S. 238.

(19)「全体性」の語は，George Fort Milton, “Dawn for the Tennessee Valley” (in : *The Review of Reviews*, New York, Juni 1933, S. 34) から引用。「計画」以下の文章は，Julian Huxley, “TVA : ‘An Achievement of Democratic Planning’” (in : *Architectural Review* 1943, Bd. 93, S. 166) から引用。

同様にタルボット・F・ハムリンはこう述べている。「TVA プロジェクトには，別の，もっと深い希望と信頼の源泉もあると思う。それは，次のことを示す世界で最も印象的な現代の事例である。すなわち，計画――巨大なスケールの計画――が民主主義において可能であるということ，国民すべての利益のために考えられ実行される，偉大な国民的な事業を生み出すために，独裁の効率のように間違った効率は必要ではないということである（Talbot F. Hamlin, “Architecture of the TVA”. In : *Pencil Points*, 1939/Bd. 20, S. 731)。今日の評価はより冷静であって，TVA の成功を，まさにその非民主主義的構造によって説明している。「むしろ青写真は全能であった」(Phoebe Cutler, *The Public Landscape of the New Deal*, New Haven/London 1985, S. 136)。

(20) あるいは二つ前の世代のように，鉄道会社と同様にと言うべきか。フランク・ノリスは社会批判小説『オクトパス』の中で，鉄道会社について「クラーケン」のイメージを創り上げていた。

(21) Zit. n. Arthur M. Schlesinger, *The Crisis of the Old Order 1919–1933*, Boston 1957, S. 123–24.

(22) ゾラの小説『労働』のなかにある。W. Schivelbusch, “Energie der Moderne” (in : *Der Spiegel*, Nr. 17/1999, S. 116) から引用。

(23) James W. Carey/John J. Quirk, “The mythos of the electronic revolution” (in : *American Scholar*, Sommer 1970, S. 226–27). 救済観念と再生観念は18世紀にまで遡ることができる。当時自らそう名乗っていた「電気神学」は，神の中にすべての生命の電気的な源を見た。そして，アントン・メスマーの「動物磁気療法」による精神療法は，後の医学的な電気療法以外の何ものでもなかった。

(24) Walter L. Creese, *TVA's Public Planning : The Vision, The Reality*, Knoxville 1990, S. 54. クリーゼはこの対比を大と小の「陰陽関係」と呼んでいる（S. 250)。

(25)「権力の建築」の語は，Creese, S. 365 から，「宣伝活動としての建築」は F. A. Gutheim, “TVA —‘A New Phase in Architecture’” (in : *Magazine of Art*, Bd. 33, Sep. 1940, S. 527) から引用。この関連で提起されているレーニンのもう一つの概念は，二重支配，すなわち，権力を求めて戦っているが一時的に手詰まり状態にある，同じぐらい強力な二つの階級の併存，という概念である。その自己理解とその支持者の自己理解では，略奪資本主義に対して「国民」を保護する権力（Schutzmacht）であったニューディールは，電化を経済的武器としても防御の盾としても利用した。

(26) David Lilienthal, zit. n. Creese, S. 162.

(27) 政府のプロパガンダと大衆メディアでの報道が手を携えて進んだ。それ自身1930年代の所産である写真入りの『ライフ』誌なしには，ニューディールと，とくにTVAは公的なイコンとしての地位を獲得できなかったであろう。政府諸機関からメディアへの宣伝用「配付資料」は広報活動の非常に成功した方法だったが，この方法は，TVAのプロパガンダにおいては，政府の委託と出資によって学校や映画館における映画の無料上映という形をとって，新しい質を獲得した。それらは，テネシー渓谷で起きていることを週間ニュースの形で，かつ政府の政策の趣旨に沿って示したのである。「そのような映画は事実に基づくニュース映画ではないことを，視聴者に知らせる努力はほとんどなされなかった」(Brian Black, “Ecology and Design in the Landscape of the Tennessee Valley Authority, 1933–1945”, in : Michael Conan, Hg., *Environmentalism in Landscape Architecture*, Washington, DC 2000, S. 83–84)。

(28) Talbot F. Hamlin, a. a. O., S. 722.

(29) Creese, S. 165. さらなる比較として，同時期に供用されたモスクワ・メトロが自ずと頭に浮かぶ。ここでは技術の発展が前面に押し出されることはなかったのだが，技術的な大事件たるメトロが祝福されたことになんら変わりはない。政治的スペクトルの正反対の側からやってきて，アメリカの道とソヴィエト・ロシアの

道は，真ん中，すなわち，公衆受けをねらって演出された大技術という点で出会ったのである。

(30) F. A. Gutheim, "TVA －'A New Phase in Architecture'" (in : *Magazine of Art*, Bd. 33, 1940, S. 524).

(31) ドイツでは電化ではなくモータリゼーションが大衆受けする巨大プロジェクトにうってつけだったのは，農村の電化がまだこれからだった合衆国と違って，1930年頃に電化が基本的に完成していたからである。アメリカの自由主義や個人主義が大衆自動車市場の急速な成立を促進したように，ドイツにおける協同組合的・自治体的エネルギー経済は，地域全体をカヴァーする電化を促進したのであった。したがって，その結果，1930年頃には両者は，鏡に映したように真逆の関係にあった。すなわち，合衆国では不完全な電化にもかかわらず，完全な大衆モータリゼーション，ドイツでは完成された電化にもかかわらず，不完全な，それどころかほとんど始まってもいないモータリゼーション。両方の場合とも，遅れを取り戻すことのできる唯一の権力として国家が現れた。ヒトラーの場合もローズヴェルトの場合も，彼らのカリスマの相当部分は，救済を約束するテクノロジーの分け前に与ろうとする大衆の願望を，工業の利潤追求利害に抗して実現する護民官の役割に基づいていた。

(32) それゆえ，あるフランス人観察者は，「この社会規律における顕著な態度」の例として，警笛の最小限の使用と右側走行の厳格な遵守を挙げた。「その結果，われわれの国では経験したことのないほど安全な状態が道路上に生み出される」(Hyacinthe Dubreuil, *Les codes de Roosevelt : Les perspectives de la vie sociale*, Paris 1934, S. 136)。

(33) ゴットフリート・フェーダーは，農村都市理念の父および最初のナチ党綱領の起草者（そこに彼は利子奴隷制の概念を刻み込んだ）として紹介した人物であるが，彼は，フリッツ・トットとともに——同時に，彼と対立して——ドイツ技術の指導的イデオローグであった。アウトバーン・プロジェクトにおいても彼は当初，トットと主導権争いを演じた（Thomas Zeller, *Straße, Bahn, Panorama : Verkehrswege und Landschaftsveränderung in Deutschland von 1930 bis 1990*, Frankfurt/New York 2002, S. 54)。ドイツ技術とは，合衆国ではソースタイン・ヴェブレンと彼から霊感を得たテクノクラシー運動を主要な担い手とする，あの国際的なエンジニア・イデオロギーのナチス・民族至上主義版と理解することができる。

(34) トットの言葉は次の文献から引用。Erhard Schütz, "'... verankert fest im Kern des Bluts': Die Reichsautobahn－mediale Visionen einer organischen Moderne im 'Dritten Reich'", in : *Faszination des Organischen : Konjunkturen einer Kategorie der Moderne*, Hg. H. Eggert, E. Schütz, P. Sprengel, München 1995, S. 236（この論文は大部分，Erhard Schütz, "Faszination der blaßgrauen Bänder", in : *Technikdiskurs der Hitler-Stalin-Ära*, Hg. Wolfgang Emmerich/Carl Wege, Stuttgart/Weimar 1995 と同じであ

る).

「……しっかり継ぎ合わされた不滅の絆」と「景観を実際よりももっと美しくする」の出典は，Todts Landschaftsarchitekten in dem Propaganda-Dokumentarfilm "Bahn frei" (1935), zit. n. E. Schütz, *Fasziantion*, S. 128 である。「それは景観を破壊するのではなく……」の出典は，Hugo Koester (1943), zit. n. Zeller, S. 156 である。「最短の結合ではなく……」の出典は，Emil Maier-Dorn (1938), zit. n. E. Schütz, "Verankert fest...", S. 240 である。

(35) アウトバーン建設の軍事的・戦略的機能というテーゼが，1980年代に下火になって以後，歴史研究の振り子は反対の極に振れた。今やアウトバーン・プロジェクトは本質的にエコロジー的で，自然保護と結びついた，そして審美的な企てだと解釈されている，それどころか「ほとんど過剰解釈されている」(Karl-Heinz Ludwig, in : *Technikgeschichte*, Bd. 62/1995, S. 336)。最近トーマス・ツェラーが，歴史学はプロパガンダないし——実現しなかった——計画の目標設定であったものを，建設された現実と受け取ることによって，部分的には，ナチスのアウトバーン神話にしてやられたのだという推測を表明した。景観代理人が区間設定を規定したのは例外的な場合のみであって，通常は国鉄のエンジニアが，しかもまったく鉄道建設の伝統の中で行ったのだ，と。

(36)「景観創造」の出典は，Erhard Schütz/Eckhard Gruber, *Mythos Autobahn : Bau und Inszenierung der 'Straßen des Führers' 1933–1941*, Berlin 1996, S. 128.

(37) Thomas Lekan, "Regionalismus and the Politics of Landscape Preservation in the Third Reich" (in : *Environmental History*, Bd. 4/1999, S. 396–97).「狭量な景観ファナティスト」の出典は，Zeller, Straße, *Bahn*, S. 83.

(38)「王冠」の語は，以下の文献より引用。Thomas Zeller, "'The Landscape's Crown': Landscape, Perceptions, and Modernizing Effects of the German Autobahn System, 1934 to 1941" (in : *Technologies of Landscape : From Reaping to Recycling*, Hg. David E. Nye, Amherst 1999, S. 237). タウトの都市の王冠やアルプス建築との（さらにパウル・シェールバルトとの）比較については，E. Schütz, "Verankert fest...", S. 238 を参照。

(39) アメリカのパークウェイに関するドイツの出版物の文献目録は，Zeller, *Straße*, a. a. O., S. 163.

(40) Siegfried Giedion, *Space, Time and Architecture*, Cambridge/Mass. 1976 (1. Aufl. 1941), S. 825.

(41) アルヴィン・ザイフェルトの言。ザイフェルトはアウトバーンの景観形成およびルートの計画を担っていた。

(42)「アウトバーンでの三角形」という語の出典は，"Impressionen von einer Fahrt Frankfurt-Berlin-München-Frankfurt" (*Frankfurter Zeitung* 11. 12. 1938).

(43) Schütz, "Verankert fest...", S. 259.

(44) Stephen Henry Roberts, *The House That Hitler Built*, New York/London 1938, S. 240.

(45) Carl Wege, “Gleisdreieck, Tank und Motor: Figuren und Denkfiguren aus der Technosphäre der Neuen Sachlichkeit” (in: *Deutsche Vierteljahresschrift für Literaturwissenschaft und Geistesgeschichte*, Bd. 68/1994, S. 320–23).

(46) Joseph Roth, *Werke 2: Das journalistische Werk 1924–1928*, Köln 1990, S. 219–20.

終　章　1944年

(1) John T. Flynn, *As We Go Marching*, New York 1944 (Reprint 1972), S. 255, 256. Bertram Myron Gross, *Friendly Faschism: The New Face of Power in America*, New York 1980.

フリンの予言は，フランスのあるコメンテイターが六年前に――ファシズムとナチズムの権力の絶頂で――ファシズムについて予言していたことを再認識させるものではないだろうか。

「エチオピア戦争，つまり植民地戦争――イタリアが，近代的兵器，作戦の決断力，時と場所の選択によって与えられたあらゆる利点から利益を得た戦争――の間に，ファシズム政府が，国が侵略され，別の大陸ではなく，祖国の国境で戦闘が行われた場合と同じ力の奮起，熱狂，興奮をイタリア国民に要求したことを考えるのは重要である。……興奮状態，精神的動員の状態を，そのエネルギーのすべて，外に対してはエネルギーの残りすべてとともに永続的に維持するがゆえに，国家は危険を追い求める。……しかし，ゆっくりと日増しに衰退が生じる。つねに警戒態勢にある国家は，その完全な力を保っているように見える。しかし，衰弱の徴候は個人の中で，個々人一人一人の中で感じられる。たとえ全体がまったく変わっていないように見えようとも，分子は変質している」(André Amar, “L’Etat puissance spirituelle”, in: *Revue hebdomadaire*, 3. 12. 1938, S. 40–41)。

(2) Karl Mannheim, *Man and Society in an Age of Reconstruction*, New York 1940, S. 337–38.